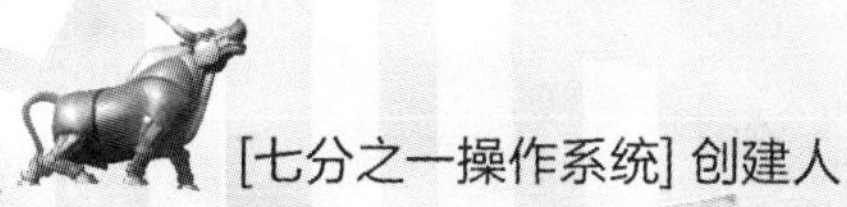

[七分之一操作系统] 创建人

肖兆权 ◎著

七分之一操作系统与蛙式交

炒股如何高抛低

QIFENZHIYICAOZUOXIT
WASHIJIAOYI

CHAOGURUHEGAOPAOD

以七分之一操作系统来选择和控制仓位，以蛙式交易高抛低吸控制点位，追求风险最小化、收益最大化；滚动操作，降低成本，扩大盈利

经济管理出版社
ECONOMY & MANAGEMENT PUBLISHING HOUSE

图书在版编目（CIP）数据

七分之一操作系统与蛙式交易——炒股如何高抛低吸/肖兆权著．—北京：经济管理出版社，2019.8

ISBN 978－7－5096－6709－5

Ⅰ.①七…　Ⅱ.①肖…　Ⅲ.①股票交易—研究—中国　Ⅳ.①F832.51

中国版本图书馆 CIP 数据核字(2019)第 137213 号

组稿编辑：杨国强
责任编辑：杨国强　张瑞军
责任印制：黄章平
责任校对：王淑卿

出版发行：经济管理出版社
（北京市海淀区北蜂窝 8 号中雅大厦 A 座 11 层　100038）
网　　址：www. E－mp. com. cn
电　　话：（010）51915602
印　　刷：三河市延风印装有限公司
经　　销：新华书店
开　　本：720mm×1000mm/16
印　　张：9.75
字　　数：137 千字
版　　次：2019 年 9 月第 1 版　　2019 年 9 月第 1 次印刷
书　　号：ISBN 978－7－5096－6709－5
定　　价：48.00 元

序　从动物精神到蛙式交易

证券交易领域中关于人性的讨论越来越多了，标准金融学关于有效市场和理性人的假设与现实之间的反差如此之大，以至于行为金融学干脆就是以人的非理性为前提的。恐惧与贪婪，信心满满与悲观沮丧，总是莫名逆转，交替出现。诺贝尔经济学奖获得者罗伯特·希勒用“动物精神”这个词传神地解释了什么是人的动物精神和非理性。投资者则直接把各种动物“带进”了金融市场，所以，当人们看到一个不断上涨的市场时，就联想到了“牛”，看到持续下跌的市场时，就联想到了“熊”，而看到类似 A 股这样上蹿下跳的市场时，就联想到了“猴”……我不知道肖兆权先生是不是去稻田里游玩的时候看到一只青蛙热情友好地跳到了他的脚面上，就灵机一动，发明了蛙式交易这个匪夷所思的“暗器”。

我不知道这个暗器的“杀伤力”有多牛，我倒是非常乐意以一种故事的方式去展开它在投机游戏中所扮演的角色。正如希勒所言，人类的心智是按照记叙式的思维构造的，它把一系列内在逻辑和动态变化的事件看成一个整体，人类行为的许多动机来自我们生活中的故事，这些故事产生了人类的动机结构。故事和讲故事是人类知识的基础，人们对于事实要点的记忆是围绕故事排列的，那些被记住的事实其实附加在故事中。人类的交谈，总是采取相互提醒的讲故事的形式，不断地相互回想提醒，形成很长的反馈序列。这种看似随机无序的交谈，实际上是一种内在的构思，对人类的知识至关重要。交谈不仅是一种易于被人接受的信息交流方式，而且强化了对相关故事的记忆。信息不仅是一个人的情感状态，它也是一个人对他人信心的看法。信心的高涨，往往是由鼓舞人心的故事所致，如果不详细了解这些故事，就很难理解过去的经济信心从何而来。随着岁月的流逝，我们会逐渐忘掉过去的故事，也因为如此，我们对过去的股票市场和宏观经济波动感到迷惑不解。

作为一套充满喜感的交易模式，蛙式交易的身上，早已落满了故事的尘埃。

毫无疑问，青蛙是一种呆萌的小动物，据说，在没有股票与期货市场之前，男孩子的梦想并不是成为股神，而是成为青蛙王子。

科学研究发现，最原始的青蛙在三叠纪时就已开始进化，现今最早有跳跃动作的青蛙则出现在侏罗纪，距今已有两亿多年的历史！而当时的大型动物如恐龙、帝鳄、霸王龙、棘龙都早已灭绝！在地球诞生后的漫长岁月中，小小的青蛙正是通过独特的繁衍方式和生存技巧，战胜了无数的天敌、灾害和恶劣天气，一直存活到了现今的人类文明社会。

青蛙是人类最为古老的动物崇拜之一。内蒙古的阴山岩画、广西花山岩画都有“蛙形人”图案，北美、阿尔及利亚以及澳大利亚等地也有大量的“蛙形人”岩画，这些都体现了古老人类对青蛙的崇拜具有相当的广泛性。

到了农耕文明时期，崇拜青蛙则与祈雨有关，民间谚语有云：“天雷动，蛙声鸣。”意寓灵动的蛙能带来风调雨顺、五谷丰收。在中国境内，考古学家们发现了很多与青蛙有关的文物，如黄河流域的仰韶文化和马家窑文化中有不少蛙形彩陶纹饰，北京平谷刘家河遗址出土的商代蛙龟铜泡，广西恭城发现有青铜时代的蛙蛇纹青铜尊，越人铜鼓中的青蛙就更多了。

人类社会的历史车轮滚滚前行，从农业社会进入工业社会，又从工业社会进入信息社会。在现今的金融交易市场，人类发现自己又面临着新的难题：一般的交易方法无法驾驭巨大的交易风险和市场波动，90%的投资者无法在金融市场盈利，无论是股票、期货，还是外汇市场。人们不得不反复地思考和求实，希望出现一种“神”一样的东西，来解决这一棘手的难题，就像古老年月的农民祈求风调雨顺。有一种交易方法似乎得到了启发，这种方法就是蛙式交易，它展现出“短平快、稳准狠”的特性，异常契合金融市场。通过蛙式交易的启示，无数投资者已经获益，无数案例已经证明，这种具有仿生色彩的交易方式具有无限的生命力！连蛙式交易追随者所进行的公开演示，成功率都已非常之高！

梦想成为青蛙王子，但是，一不小心却成了投资高手的肖兆权先生，铁肩担道义，妙手著文章，以传递股市正能量为己任，让人钦佩。但愿蛙式交易，帮助更多的投资者找到良好的交易节奏，早日实现自己财富增值的三级跳。

程峰

《券商中国》专栏作家，执业证券分析师，著名财经思想家，著有《程大爷的朋友圈》《假如炒股是一场修行》等30余部著作

目　录

第一章　总论

投资市场的结局无非是两极：一极天堂，另一极地狱。人们都在追求天堂，但绝大部分人都进入了地狱，而一小撮职业煽动家却每天鼓吹天堂的美好，对地狱的悲惨只字不提。查尔斯·狄更斯在《双城记》中写道："那是最美好的时代，那是最糟糕的时代；那是智慧的年头，那是愚昧的年头；那是信仰的时期，那是怀疑的时期；那是光明的季节，那是黑暗的季节；那是希望的春天，那是失望的冬天；我们全都在直奔天堂，我们全都在直奔相反的方向——简而言之，那时跟现在非常相像，某些最喧嚣的权威坚持要用形容词的最高级来形容它。说它好，是最高级的；说它不好，也是最高级的。"

100多年前，俄国大文豪列夫·托尔斯泰在《安娜·卡列尼娜》中写道："幸福的家庭都是相似的，不幸的家庭却各有各的不幸。"而在投资领域，我们也可以把这句话引申为："幸福的投资者都是相似的，而不幸的投资者则各有各的不幸。"何谓幸福？那就是拥有一套自己的操作方法，看起来简明扼要，用起来得心应手，而不是靠头脑发热，随心所欲。

第一节　1/7 操作系统

1/7 操作系统是以将建仓资金分为七等份为核心内容进行滚动操作的一种交易系统，主要有单杠式和哑铃式两大类。它适用于股票、国债、期货（金融期货和商品期货）、外汇等博弈资本运作领域。

用直白的语言挂一漏万地解释：1/7 操作系统是一种预警、建仓和平仓的办法。将总资金划分为建仓资金和防守资金两部分，激进型的投资者建仓资金可以多一些，防守资金可以少一些；保守型的投资者建仓资金可以少一些，防守资金可以多一些。以哑铃式为例，建仓分三步完成：第一步建 1/7 仓量，第二步建 2/7仓量，第三步建 4/7 仓量，平仓则按 1/7、2/7、4/7 进行，过程中间的进退则按照“进减退增”的原则灵活掌握。由于每次建仓是按照 1/7、2/7、4/7 这样一个等比数列进行，仓位的重心在下方，具体说是在 0. 382 的黄金分割位附近，这样，即使前次建仓失误，只要有一次弱反弹也有机会平仓出局。

图 1 –1 为单杠式示意图，图 1 –2 为哑铃式示意图。

图 1 –1　　图 1 –2

例一：西藏矿业

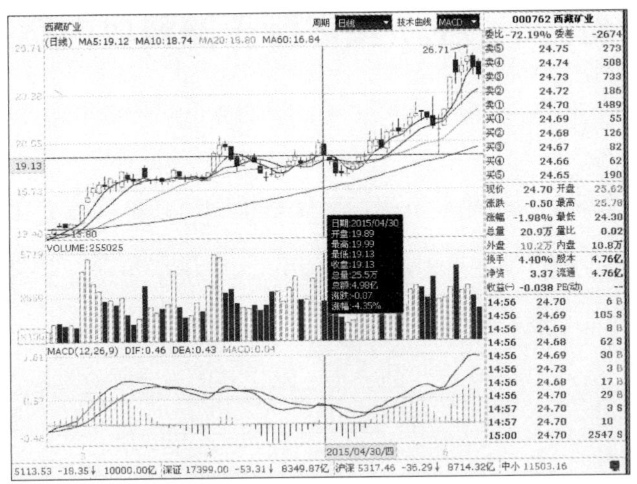

图 1－3

在 19.5 附近建仓 1/7，第二天下调至 19 元附近再建 2/7，第三天已跌至接近 60 日均线处，此处再建 4/7，建仓完成。

例二：6 月 15 日大跳水后的深科技操作

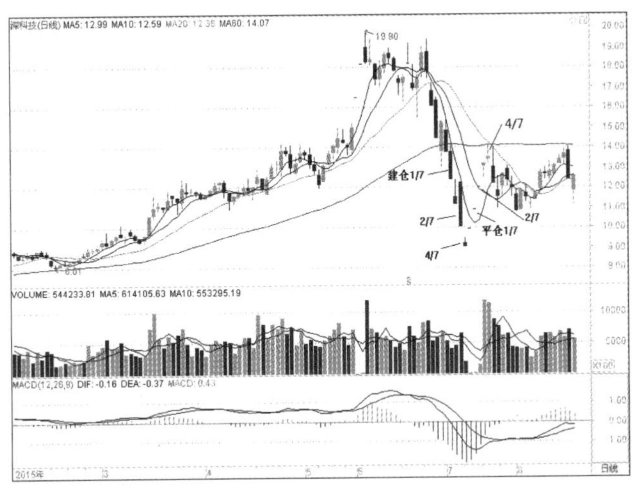

图 1－4

第二节　1/7 操作系统的具体内容

"1/7 操作系统"包括预警系统、选择系统、建仓系统、平仓系统、纠错系统、延伸与压缩系统六个子系统，我们运用"1/7 操作系统"时要把它们作为一个整体考虑，千万不能断章取义。

图 1－5 为"1/7 操作系统"的一个正常完整的开仓平仓过程。

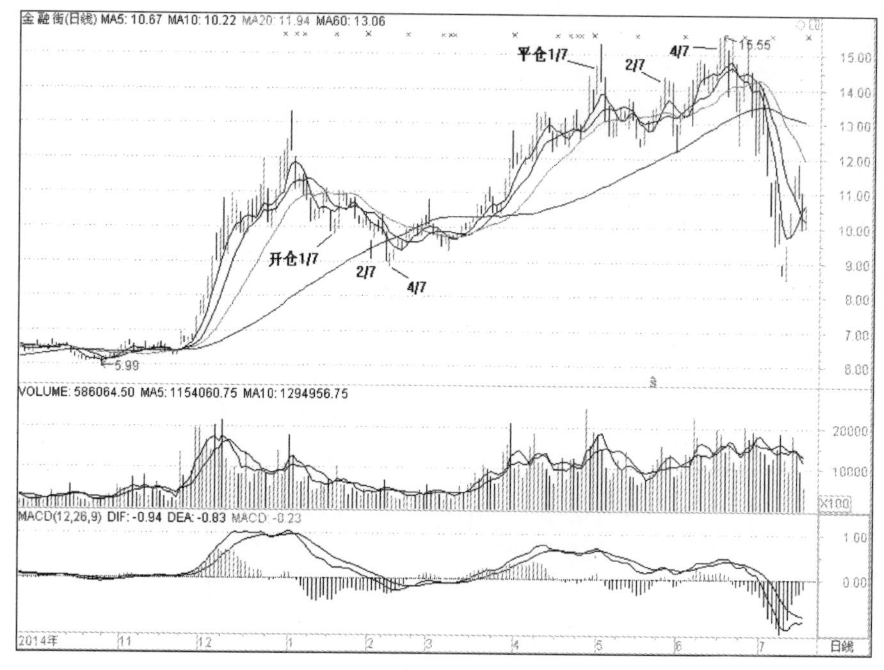

图 1－5

图 1－6 为一个开仓与纠错的过程。在追击建仓之后，股价上扬，但在平仓 1/7 和 2/7 后，价格未能按预期继续拉升，而是掉头向下形成头肩顶部，在破了颈线之后必须果断将剩余 4/7 全部平仓。

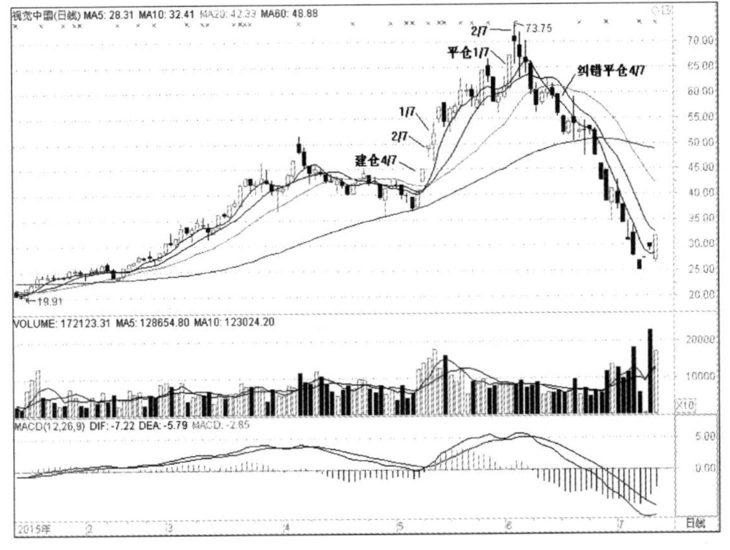

图1－6

图1－7为延伸型建仓和压缩型平仓的非对称哑铃形交易。在底部区域，因为无法预知哪一天会突然爆发，故采取底部延伸建仓。在拉涨停的过程中，由于是无量涨停，所以必须持仓，等到突然放巨量且换手率大幅提升的那一天，则立刻全部压缩型平仓。

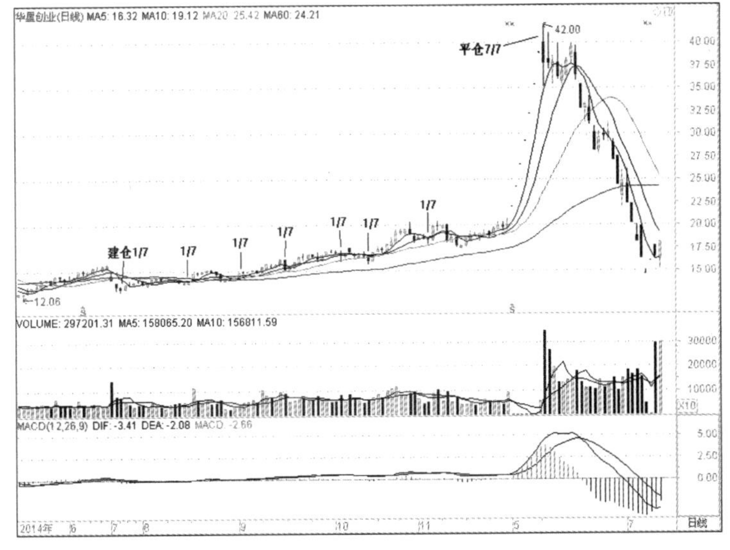

图1－7

第三节 “1/7 操作系统”的论断

（1）任何个人的判断都是无效的，因为信息总是不完整的。要依靠系统而不要依据个人判断操作。依靠个人直觉判断行情，就像古老的寓言盲人摸象，摸到耳朵就说大象像一把芭蕉扇，摸到肚子说大象像一堵墙，摸到尾巴说大象像一根绳子，摸到腿又说大象像一根柱子。这些看似十分幼稚可笑的错误在投资市场却一遍又一遍地重演，而且可以说愈演愈烈，完全看不到任何好转的迹象。以2015 年6 月开始的中国股灾来说，很多投资者依据自己的个人经验，凭借一鳞半爪的消息，对股市妄加猜测，结果“尸横遍野”。特别是一些场外配资和场内融资的投资者，政策忽冷忽热，杠杆时大时小，令他们无所适从，判断连连失误，爆仓者不计其数。

（2）市场总会走过头，机会都诞生在市场走过头的时候。由于人性的贪婪和恐惧，再加上一些高杠杆工具的放大效应，往往使得行情不会反映它原本的真相，而具体表现通常是涨就涨过头，涨到天花板上面，跌也跌过头，跌入十八层地狱。这在现货市场好像很难理解，但在资本市场，由于流动性太好了，人们的情绪可以在瞬间得到充分的宣泄，只要摁一下键，千军万马就杀向市场。就像钱塘潮一样，既可以浪高八尺，也可以一泻千里。如果注意不到资本市场的这一重大特征，投资者将极容易成为市场的殉葬品。

（3）行情创造指标，而指标却不能创造行情。指标都是把已经走出来的行情数据进行某种模式化演算而得出的结论，它充其量只能说是对过去行情的总结，如果据此对将来的走势妄加预测，甚至于深信不疑，那么后果可能会非常悲惨。怎么说呢？中国古代有个成语叫刻舟求剑，剑从船上掉进水里，却在船上刻个记号，然后依照记号下水捞剑，结果怎么也捞不上来。因为水在流动，船在行动，万物皆流，行情在变化，消息在流动，而你刻的记号却停留在昨天。这实际上就是赫拉克利特的“人不能两次踏进同一条河流”的朴素的哲学思维。这种思维对“1/7 操作系统”非常有用，尤其是对其中的压缩系统和由此衍生出的蛙式交易系统有启迪作用。

（4）没有一个好的操作系统，必然不会站在 1/7 成功者行列。很多投资者下单非常随意，完全没有计划，说他们下单比买菜还随意一点都不过分。一斤青菜 5 元钱他都要讨价还价，一个西瓜 10 元钱他都要问 9 元卖不卖。可是一到资本市场，就显得毫无法度，大方得很，几万、几十万甚至几百万元的投资，在几分钟之内就可以做决定，有的甚至于几秒钟就满仓杀进去，接着就捶胸顿足，虚汗直冒。这是什么原因呢？就是因为这些人做事从来没有计划，更没有系统，完全靠想当然和感情用事。不要以为这种现象跟你没关系，实际上，中国的大部分投资者都是这样的马大哈。笔者相信你对我的这种说法也许不满，但又不得不同意，所以笔者要奉劝大家选择一个好的交易方法，计划你的交易，交易你的计划。

（5）每一个正确的操作模式都可以描述为一个非对称性 1/7 哑铃结构。为了对抗市场的不确定性，笔者研究出了 1/7 操作系统，在时间、空间和仓量方面严格按照 1/7 结构展开。由于实际行情的复杂性，这种哑铃结构往往是不对称的，要么时间不对称，要么空间不对称，要么仓量不对称。对称是相对的，不对称是绝对的；对称是偶然的，不对称是必然的。

（6）没有纠错系统的操作，就犹如开着一辆没有刹车的汽车，后果可想而知。任何操作系统都必须要有纠错系统，就像任何一部汽车都必须安装刹车装置一样。行情是客观的，系统是主观的，路况是客观的，驾驶员是主观的。当行情的发展偏离了建仓和持仓的依据，就必须及时纠错。当路况的突变超出了驾驶员的主观预期，就必须立刻刹车，以免意外的发生。其实，做投资与开车有很多相似之处，上坡相当于做多，下坡相当于做空，控制油门相当于控制仓位，刹车相当于止盈止损，平仓出局。很多投资者只知道做多，不知道做空，就犹如开车只知道上山不知道下山；一味地重仓，不懂得轻仓，就犹如一味地踩油门，却不知道轻重缓急。

第四节　关于神奇数字“7”与“1”

一、关于7

（1）在天文学中，有七曜（即太阳、月亮和金、木、水、火、土），也称七政和七元。另外，七曜还指北斗星。

（2）音乐七音阶。

（3）每周七天。

（4）江恩周期7或7的倍数。

（5）波浪理论5浪或c浪的失败。

（6）物种繁衍的自然结构1+2+4=7。

（7）在物理学的光学中，赤、橙、黄、绿、青、蓝、紫七色。

（8）十以内最大的素数。

二、关于1

（1）人法地，地法天，天法道，道法自然；道生一，一生二，二生三，三生万物。

（2）天人合一。

第五节 1/7 与蛙式交易的哲学基础

一、赫拉克利特思想

2000 多年前，古希腊哲学家赫拉克利特（Heraclitus，约公元前 530 年—公元前 470 年）教导他的学生说，人不能两次踏进同一条河流（No Man Ever Steps in the Same River Twice）。他的万物皆流的朴素的辩证法思想，2000 多年来一直为人们所津津乐道。即使在信息爆炸的今天，这句话听起来仍然是那么意味深长和不可复制。

一切都在流动，一切都在变化，人不能两次踏进同一条河流，投资者不能两次遭遇同一种行情，青蛙也不能两次捕杀同一只昆虫。这种提示，让笔者对很多投资问题恍然大悟，茅塞顿开，也使得蛙式交易有了坚若磐石的哲学基础。

既然我们不能多次踏进同一条河流，那么我们不妨沿着相反的方向建立我们的交易思维，即如果我们在长线交易上会面临各种风云变幻的危机和瞬息万变的信息冲击，我们何不把交易的周期缩短，把交易的空间压缩，在一个时点上完成惊人一跳。既然青蛙不能在多种时空捕杀同一只昆虫，那么就毕其功于一役，在某一特定时点实行精确打击；既然交易的风险跟时间成正比，时间一长，变化的因素增多，那么我们为什么不把交易的周期从几个月缩减为几分钟，甚至于几十秒？既然交易的变数与空间成正比，那么我们何不将交易的空间从几百点、几千点压缩为几个点乃至于一两个点？这就是蛙式交易最核心的哲学逻辑和表现手法。它像一盏明灯照耀我们黑暗已久的交易历程，照亮我们的交易之路，贯穿我们的风雨人生。当然，另外一种极端的观点也是错误的，就是认为人甚至连一次也不能踏进同一条河流。这就完全否认了相对静止，完全不承认世界的可知性和可捉摸性，就像说青蛙甚至连一次捕虫的可能性都没有、我们连完成一次蛙式交易的可能性都没有一样，都是完全错误的。

二、奥康剃刀定律

与赫拉克利特思想一脉相承的是奥康剃刀定律。“如无必要，勿增实体”，该理论是由 14 世纪逻辑学家英国奥康的威廉提出的，也就是“简单有效原理”。他在《箴言书注》2 卷 15 题说“切勿浪费较多东西去做用较少的东西同样可以做好的事情”。这一理论应用到蛙式交易当中实际上就是，“如无必要，勿增解析；如无必要，勿增时间；如无必要，勿增空间”。也就是说，影响我们决策的因素有很多，有基本面、技术面、消息面，长线指标、短线指标、超短的盘口信息，但我们更倾向于最直观有效的盘口因素，如无必要，勿增解析。就像青蛙捕虫一样，如果在捕虫前的一刹那还要研究一下虫的基本面，研读一下《昆虫学》，那虫子早跑了。就交易时间而言，有长线交易、短线交易，而蛙式交易则更倾向于瞬间交易，如无必要，勿增时间。就利润空间而言，有中期目标、短期目标，但蛙式交易更注重力所能及的瞬间点位，如无必要，勿增空间。

三、青蛙的生存法则

当然，蛙式交易真正的思想鼻祖非“蛙先生”本人莫属。千百万年来，蛙身体力行地诠释着“一蹲二跳三落地”的运动模式，用它的唇枪舌剑荡平所有关于捕杀方式的争论，堪称蛙式交易理论的先驱。每当夏夜，你可曾听见稻田里那呱呱的叫声，那是“蛙先生”声情并茂的演奏，那是最美妙的自然之音。若能听懂这天籁之音，就能悟出蛙式交易的真谛，简明、简洁、自然、高效。正如老子在《道德经》里总结的那样，道生一，一生二，二生三，三生万物；人法地，地法天，天法道，道法自然。蛙式交易才是自然法则的灵活应用，“蛙先生”才是真正的自然大师和生存大师。

第六节 风险与收益、时间与空间

（1）风险与时间成正比，“如无必要，勿增时间”，即单子在盘中停留的时间越长，风险越大，停留的时间越短，风险越小。因此，蛙式交易几乎是秒杀交易，短则几秒，长也不过几分钟。上午的单决不拖到下午，下午的单决不留到第二天。蛙式交易尤其重视日内短线指标和盘口分析，其权重占到了90%，其他长线指标的比重只占到10%。

（2）风险与空间成正比。“如无必要，勿增空间”，由于蛙式交易追求的是短线效应，因此为了最大限度地回避风险，扩大收益，它的基本思想是积少成多、聚沙成塔、粒米成箩、滴水成河。每一笔交易所追求的利润点位非常克制，多则十几个点，少则一两个点。

另外，风险与收益又存在一定的关系，这就是通常所说的：低风险低收益，高风险高收益。这样的话，我们的蛙式交易的核心就要均衡风险与收益，力争做到低风险高收益，甚至是无风险高收益。

既然风险与时间和空间成正比，而风险也与收益成正比。那么我们在交易的策略上就要有所调整：

（1）在时间方面，要尽量压缩时间，尽量将单子停留在市场中的时间缩短到不能再短为止，即恰好能完成一次交易过程就可以了，不作无谓的停留。

（2）在空间方面，就要尽量压缩空间，尽量将在一段确定的K线空间内完成交易，哪怕之前涨了很多或者跌了很多，之后也涨了很多或者跌了很多。我们只赚确定的那一段就行了。也就是说将交易的空间从几十点、几百点压缩为几个点乃至于一两个点。

（3）在收益方面，就要尽量降低风险提高收益，将每个月、每一年的收益目标微分切割成无数个小块，每次交易虽然也许只有几个点或者百分之零点几的收益，但通过这种方法来累加、完成最终利益最大化的终极目标。

也许有人会说，这不就是普通的风险与收益理念吗？的确，听起来好像是没有什么区别，但里面却蕴藏着巨大的玄机。打个火中取栗的比喻也许大家就明白了。我们用 1 分钟时间从火中取出 60 个栗子，蛙式交易的思路是每秒钟取 1 个，1 分钟取 60 个，取完之后风险几乎是零，因为手毫发未伤。但是，假如我们分 6 次，每次取 10 个栗子，看起来好像也能完成任务，但每次在火里停留 10 秒的时间，足以重伤双手，风险极大。而且，实际上到了后面，你已经无法再取栗子了，也就是说你根本无法完成取 60 个栗子的任务。如果再贪一点，在火里面摸索 1 分钟，企图一次性取出 60 颗栗子，那么唯一的结果只能是手没了，而且连 1 个栗子都没取出来。

现在大家可能明白了，一个是低风险高收益，一个是高风险低收益，甚至零收益。这就是蛙式交易对风险与收益的独特理解。正如青蛙捕食一样，每次捕一个虫子，多捕几次终归会吃饱，如果贪多求快，想一口吃成胖子，或总在一个地方守株待兔，那么最后不是被饿死，就是被蛇吃掉。

扫描二维码免费观看肖兆权老师视频讲解

第二章　预警系统

第一节　1/7 雷达预警

在开始介绍预警系统前，先介绍一个重要的工具——1/7 雷达，它可以用于整个操作系统的始终。把波浪理论、江恩理论、周期理论等有机地结合起来形成的 1/7 雷达，对预警、建仓、平仓、纠错具有开创性作用。具体地说，由波浪理论的八浪与江恩角的交点构成建仓或平仓最原始的依据，加上各种指标和周期对其进行调整，便构成 1/7 雷达。

2015 年 6 月开始，沪指由牛转熊，在 1/7 雷达的主压力线下方运行，每个高点都是逢高沽空的机会。

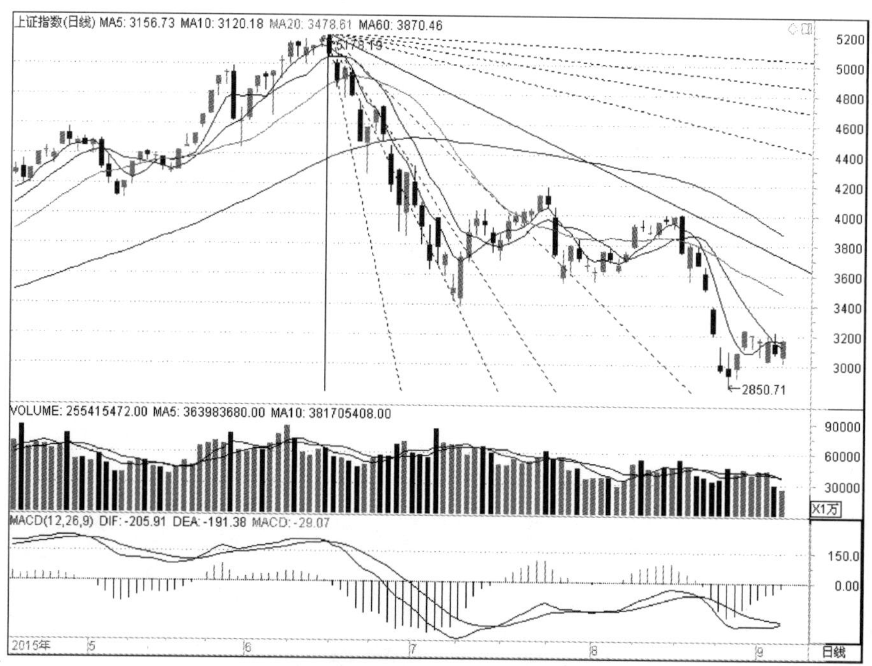
上证指数(日线) MA5: 3156.73 MA10: 3120.18 MA20: 3478.61 MA60: 3870.46
5178.19
2850.71
VOLUME: 255415472.00 MA5: 363983680.00 MA10: 381705408.00
X1万
MACD(12,26,9) DIF: -205.91 DEA: -191.38 MACD: -29.07
2015年
日线

图 2－1

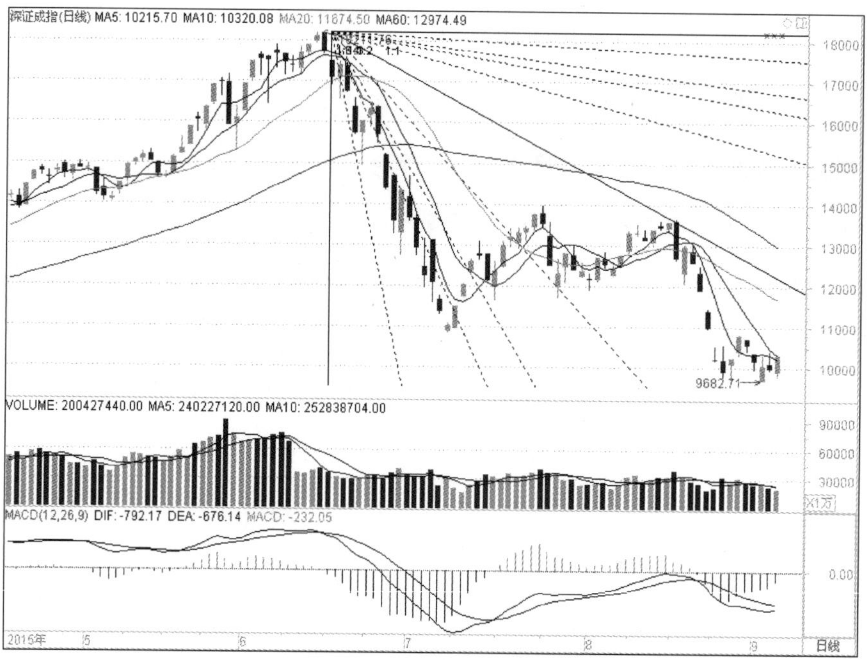
深证成指(日线) MA5: 10215.70 MA10: 10320.08 MA20: 11674.50 MA60: 12974.49
9682.71
VOLUME: 200427440.00 MA5: 240227120.00 MA10: 252838704.00
X1万
MACD(12,26,9) DIF: -792.17 DEA: -676.14 MACD: -232.05
2015年
日线

图 2－2

2015 年 6 月开始的深成指熊市。

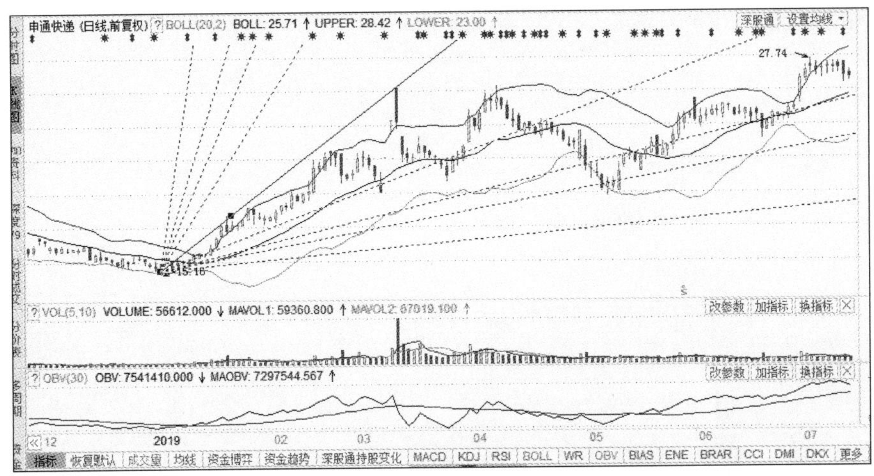

图 2－3

1/7 雷达预警显示申通快递牛市已经启动，在压力线和支撑线之间进行牛市展开，上升趋势明显。

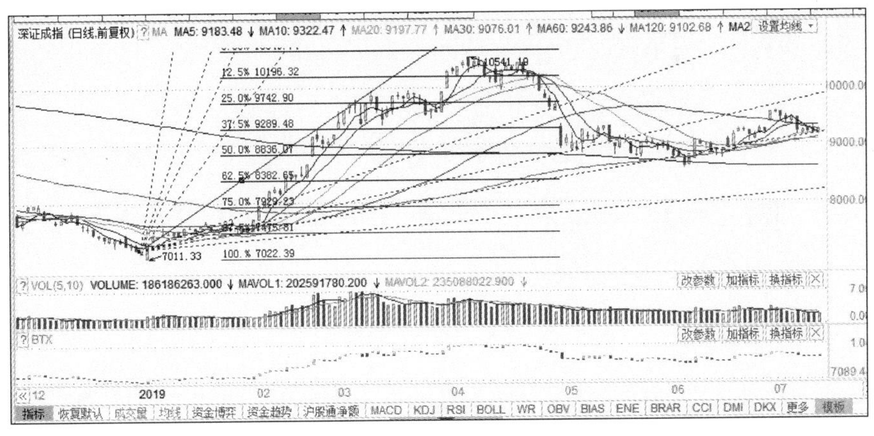

图 2－4

2019 年上半年，1/7 雷达预警显示深圳成指进入牛市状态，在支撑线和压力线之间有序展开。

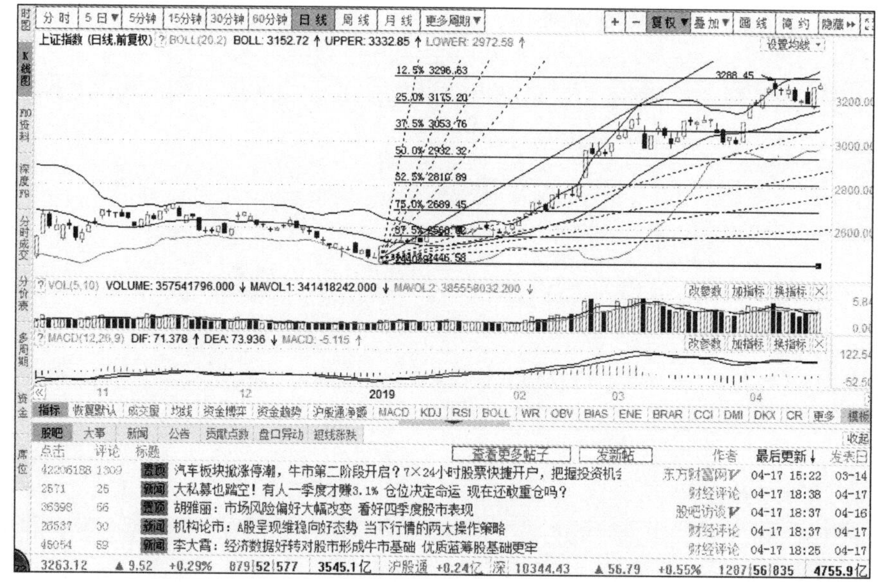

图 2-5

用 1/7 雷达扫描上证指数，显示 2019 年以来市场在支撑线和压力线之间有序展开，大盘呈牛市状态。

第二节　K 线、均线、指标和盘口预警

1/7 与蛙式交易的操作主要有四个方面的决策依据，即 K 线趋势及形态，均线系统走势，KDJ 和 RSI 等指标数值，盘口的数量、密度和变速。前面两点即 K 线和均线，往往在确定大势方面举足轻重，后面两点即指标和盘口，在具体的进出点位上起到决定作用，能够在临门一脚时准确地找到市场的七寸。

一、K 线预警

在行情的上升趋势中，由各个低点连接成的一条线叫作主支撑线；在下跌过程中，由各个高点连接成的一条线则叫作主压力线。如果是 K 线在主支撑线上方运行，均线呈无交叉平行向上延伸，则为上升趋势，即牛市；如果 K 线在主压力线下方运行，均线呈无交叉平行向下延伸，则为下降趋势，即熊市。一般来说，牛市不做空，熊市不做多。

1. 确定大势所趋

图 2－6 为 2007 年上证综指截图，在主支撑线上方可认为是牛市，60 日均线也可近似认为是主支撑线。图 2－7 为 2007～2008 年上证综指截图，在主压力线下方可认为是熊市，由此粗略寻找买卖点。图 2－8 为图 2－6、图 2－7 全貌，可见由主支撑线粗略判断牛市熊市是有效的。

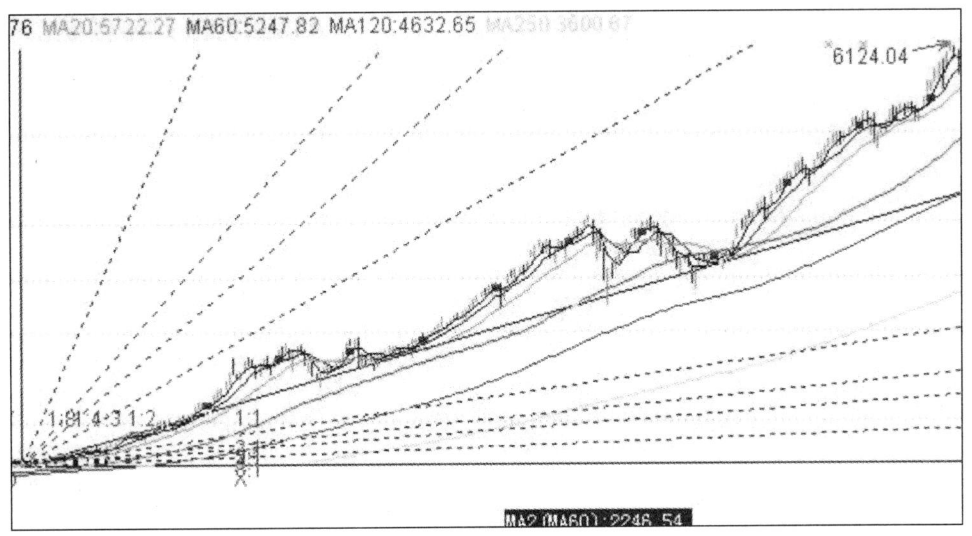

图 2－6　K 线在主支撑线上方运行，是典型牛市

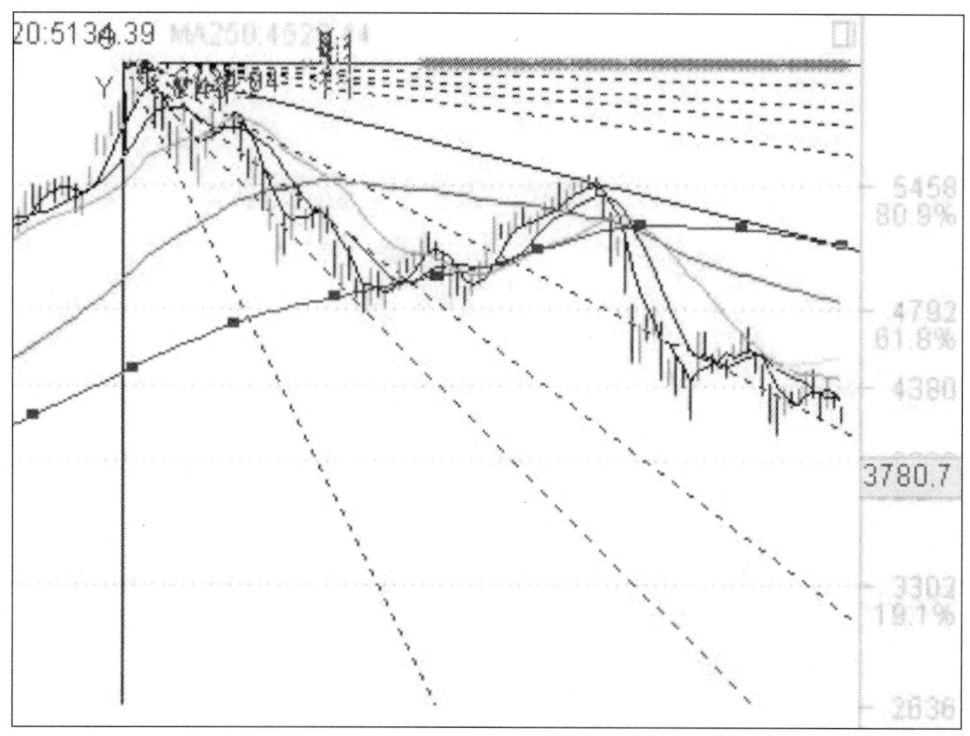

图 2-7　K 线在主压力线下方运行，是典型熊市

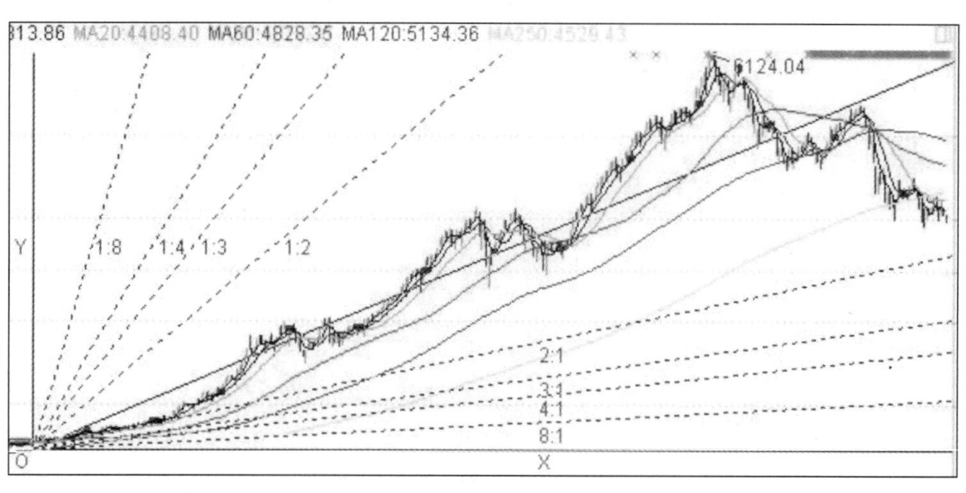

图 2-8　指数向下突破主支撑线，支撑线成为压力线，为牛转熊

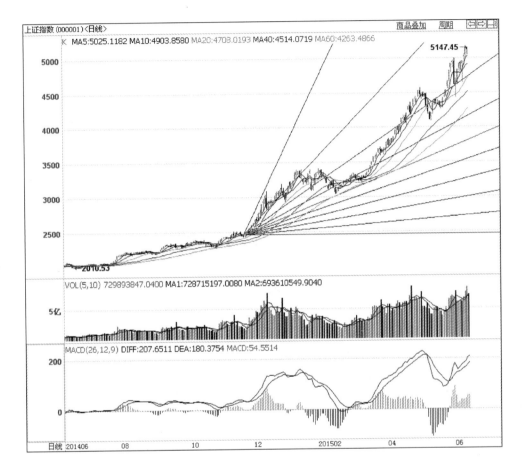

图 2－9　2014 年启动的大牛市——上证综指图

2. 在一波向上或者向下行情后出现箱体震荡，突破箱体后行情往往向突破方向发展

图 2－10 为沪深 300 指数 2008 年上半年突破时的截图，走势刚刚向下突破高位箱体震荡区域，预示着行情可能向下发展。

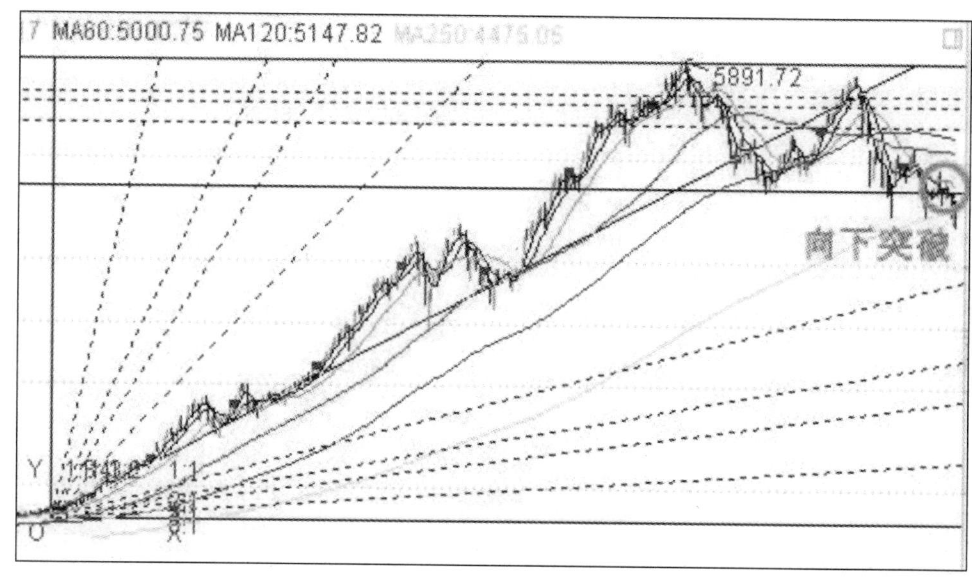

图 2－10

图 2－11 为沪深 300 指数 2008～2009 年的截图，印证了这一观点。

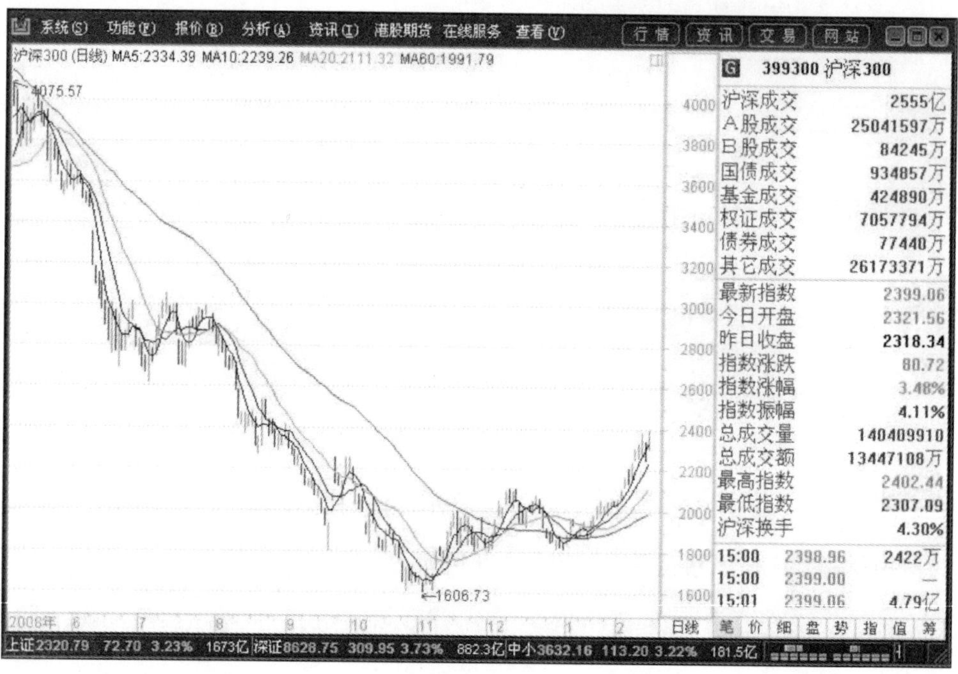

图 2－11

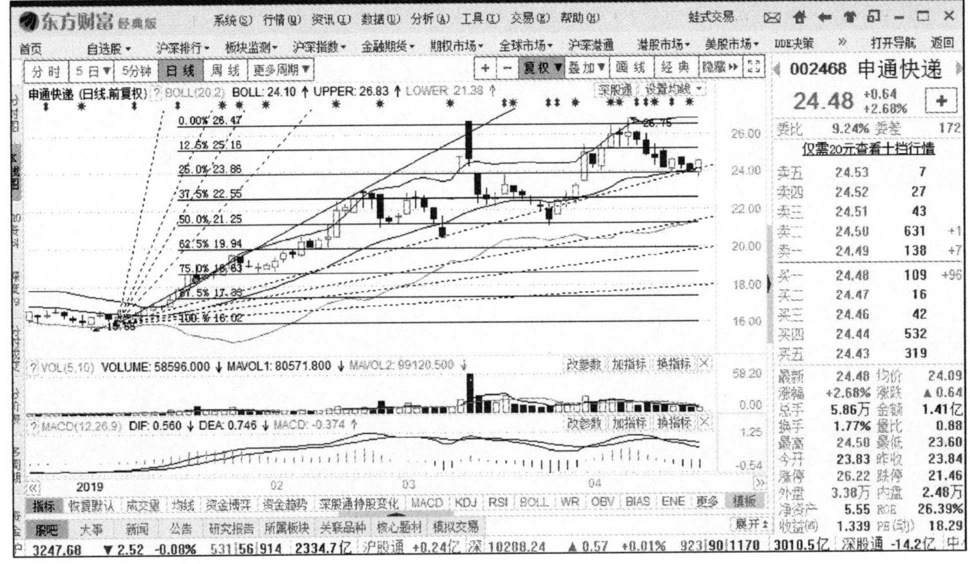

图 2－12

二、均线预警

大趋势看 60 天均线，若 60 天均线在底部向上延展，则显示市场为牛市状态。当然，如果有 5 天、10 天、30 天均线的配合，将会看得更清楚。如果 5 天、10 天、30 天等较短期均线与 60 天均线呈平行状态向上延展，则是牛市重要特征，这也就是通常人们所说的“四条线朝天，快活似神仙”。

若 60 天均线在顶部出现锐角形反转，则显示市场处于熊市状态，5 天、10 天、30 天等较短期均线与 60 天均线呈无交叉向下发散，虽然有时 5 天均线会反弹向上穿越 10 天均线，甚至 30 天均线，但始终无法穿越 60 天均线，然后进一步下挫，形成更大的杀伤。

三、除了 K 线和均线分析之外，指标分析和盘口分析会使买卖点更加具体

指标主要看布林通道、宝塔线、MACD 和 KDJ。

图 2 - 13 为 2005 ~ 2007 年沪深 300 周线。宝塔线双底宝塔柱绿变红，红的部分更大或在第二天出现大红柱上升动力更强 J 值偏低，买入信号。

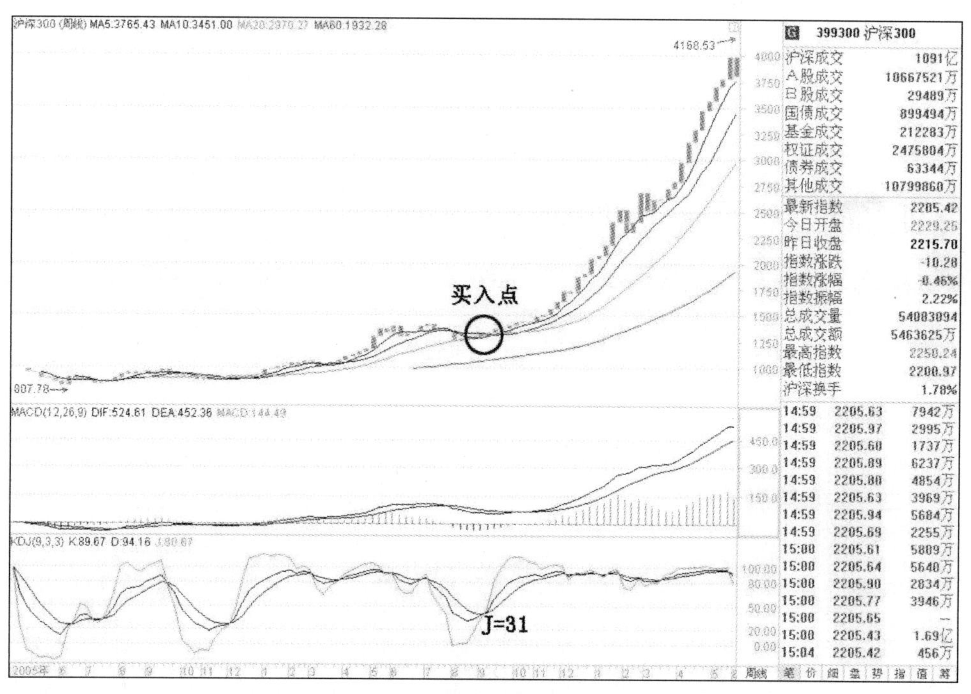

图 2 - 13

图 2 - 14 为 2007 ~ 2008 年初沪深 300 周线，当时指数高位直逼 6000 点，上证指数已经到达 6000 多的高点，但是此时宝塔线双头宝塔柱红变绿，J 值偏高（80 以上），卖出信号。

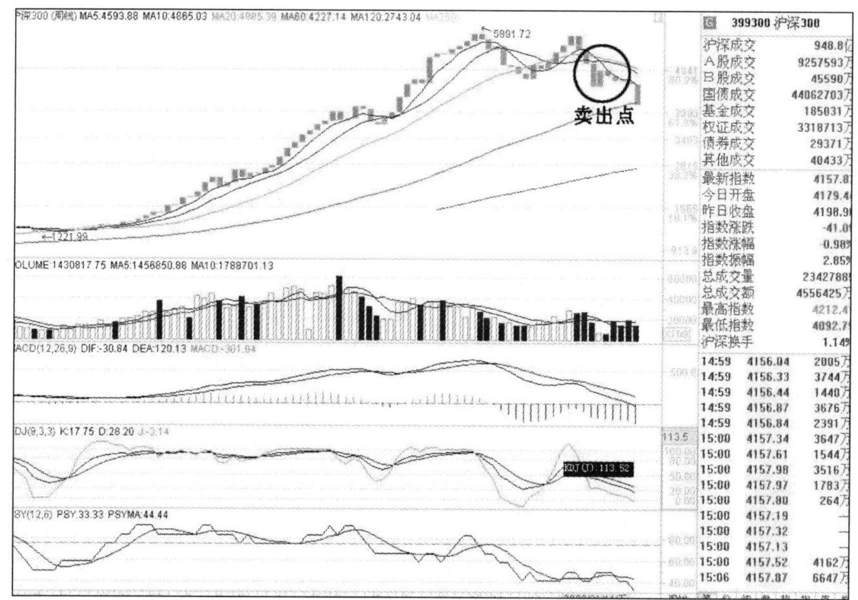

图 2 - 14

图 2 - 15 为一年后的走势，最低跌到 1606 的低点。

图 2 - 15

图2－16是沪深300指数2014年至2015年6月的宝塔线。

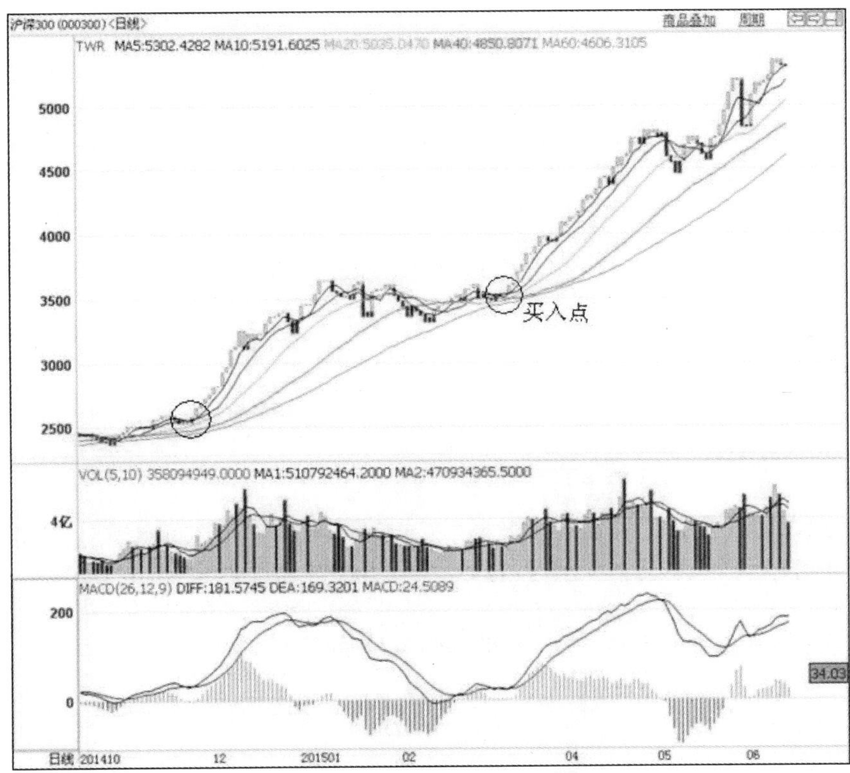

图2－16

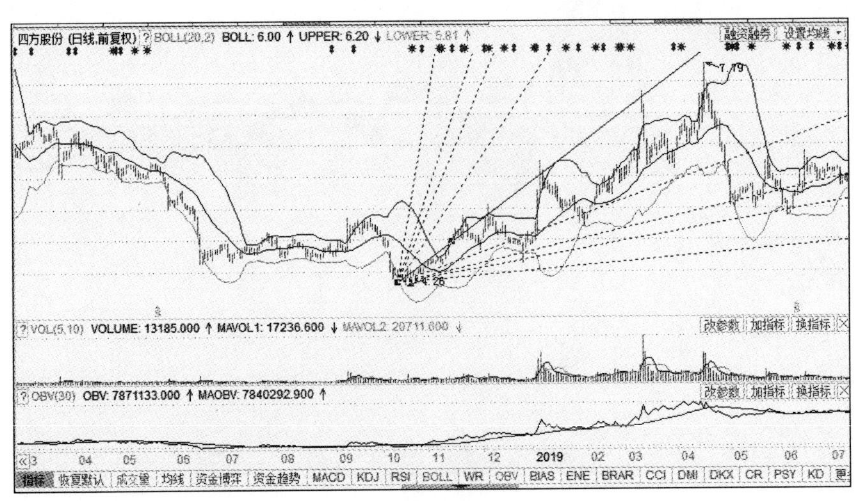

图2－17

图 2－17 是四方股份的布林通道经过小蛮腰收口时候，开口向上发散，表示牛市已经展开。随后三条线呈 30°～40°向上延展，说明四方股份进入慢牛状态。上方的黄线构成压力线，中腰白线形成支撑线，下方紫线构成强支撑线。

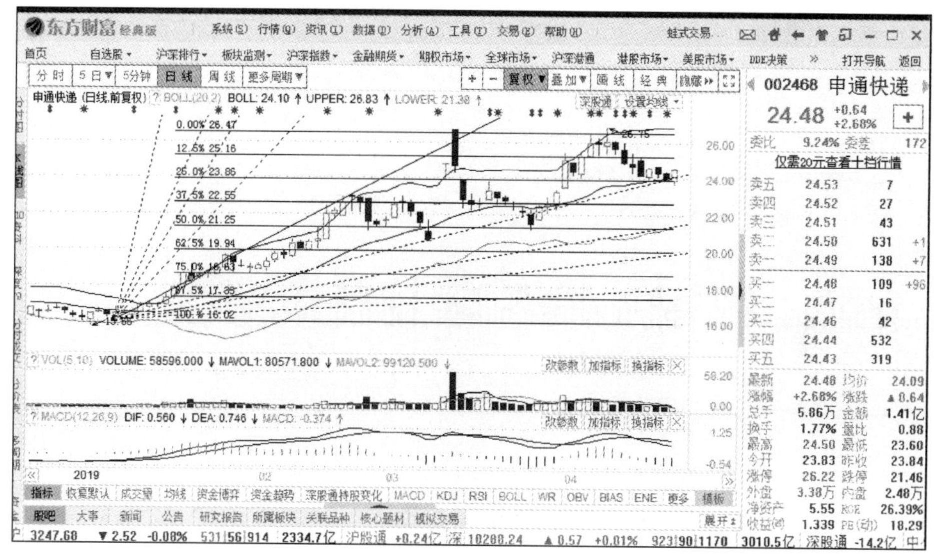

图 2－18

图 2－18 申通快递的布林通道也在经过小蛮腰收口的时候开口向上发散，随后三条线呈 45°向上延展，说明申通快递进入慢牛市场。上方的黄线构成压力线，中腰白线形成支撑线，下方紫线构成强支撑线。

如果分析布林通道时，再与 MACD、KDJ 等指标配合使用，互相验证，预警将更为准确。

四、买入预警

根据预警理论，结合大盘和个股图形，最终由 1/7 雷达发出买入预警信号。买入预警又可分为以下三类：

（1）短线买入预警。图 2－19 为深康佳 A 日线。短线触及支撑线或虽未触及但 K 线呈放量拉升，强势上攻，则短线可快进快出。

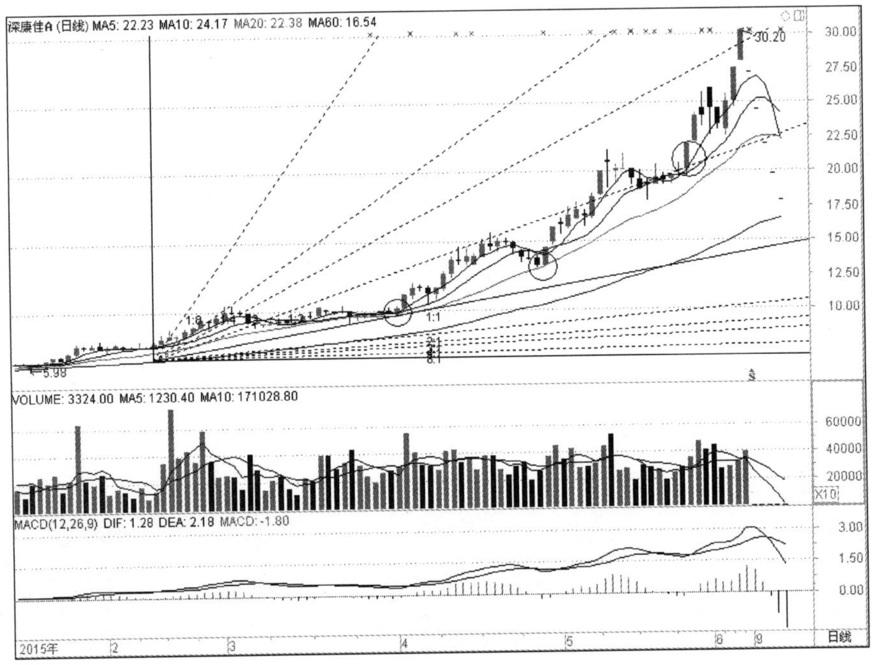

图 2－19

（2）中线买入预警。图 2－20 为国农科技日线。

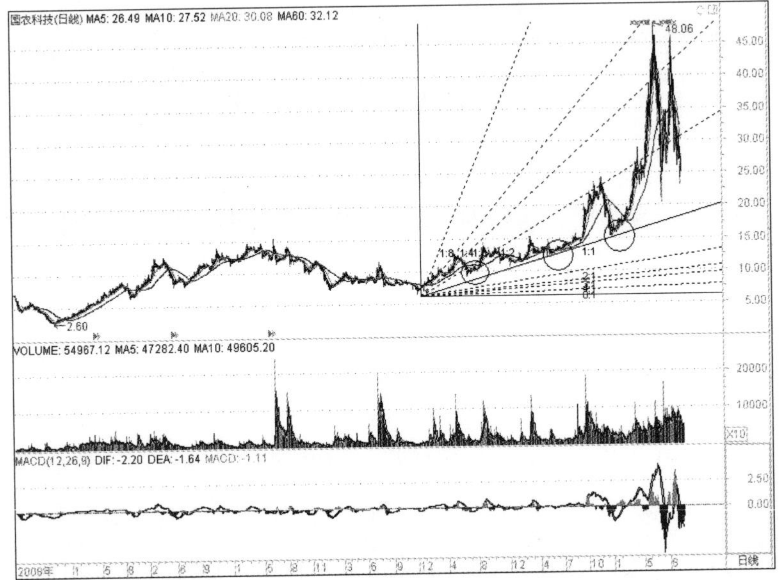

图 2－20

（3）长线买入预警。图 2－21 上证综指 2004～2007 年周线，图中白色圈均为长线买入信号点。

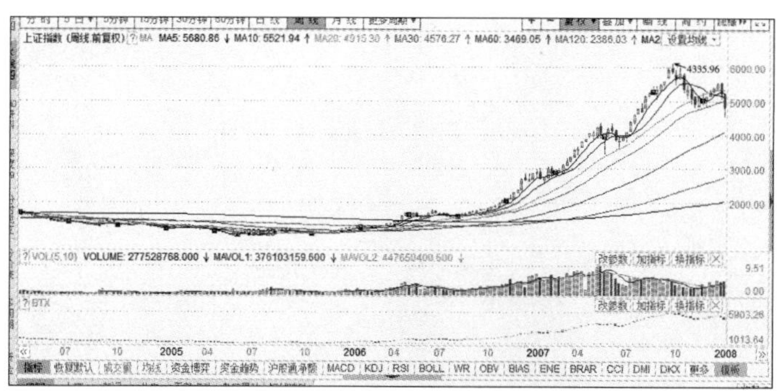

图 2－21

图 2－22 是沪深 300 指数 2014～2015 年的宝塔线，买入预警。

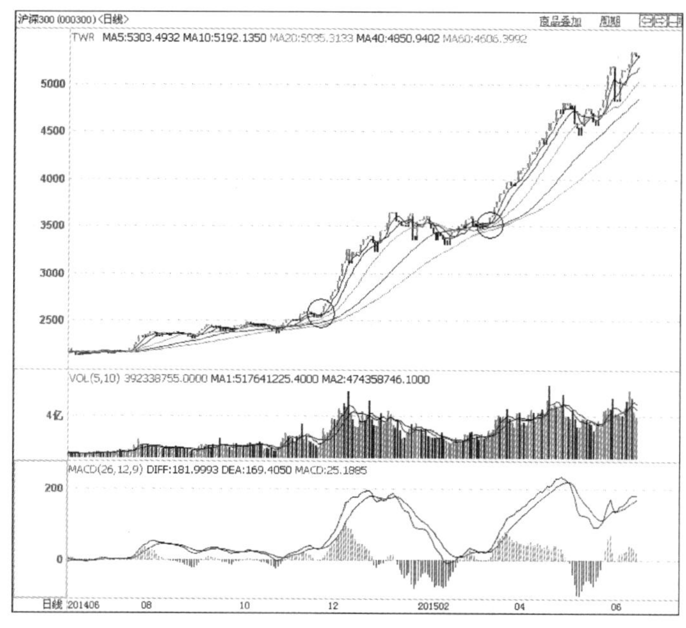

图 2－22

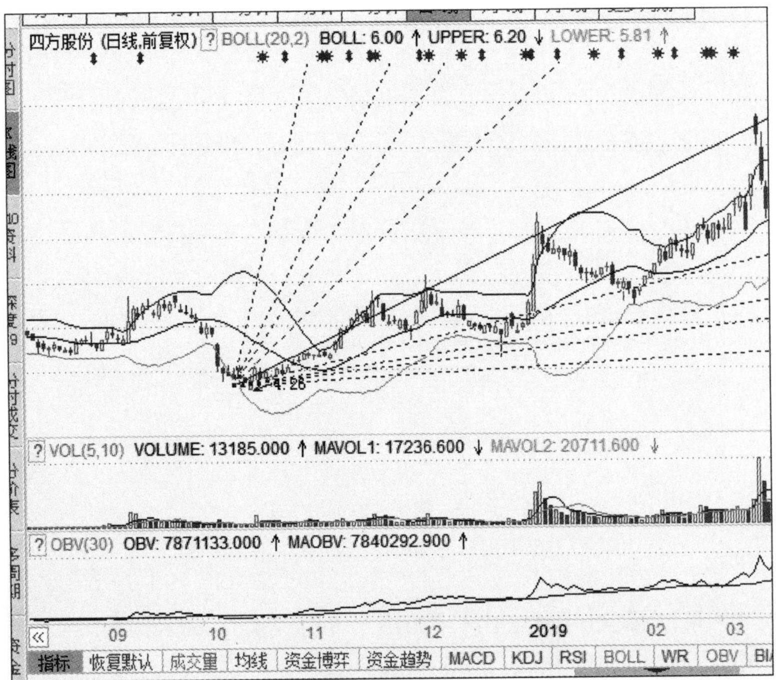
四方股份 (日线,前复权) ? BOLL(20,2) BOLL: 6.00 ↑ UPPER: 6.20 ↓ LOWER: 5.81 ↑
4.28
? VOL(5,10) VOLUME: 13185.000 ↑ MAVOL1: 17236.600 ↓ MAVOL2: 20711.600 ↓
? OBV(30) OBV: 7871133.000 ↑ MAOBV: 7840292.900 ↑
09
10
11
12
2019
02
03
指标
恢复默认
成交量
均线
资金博弈
资金趋势
MACD
KDJ
RSI
BOLL
WR
OBV

图 2－23

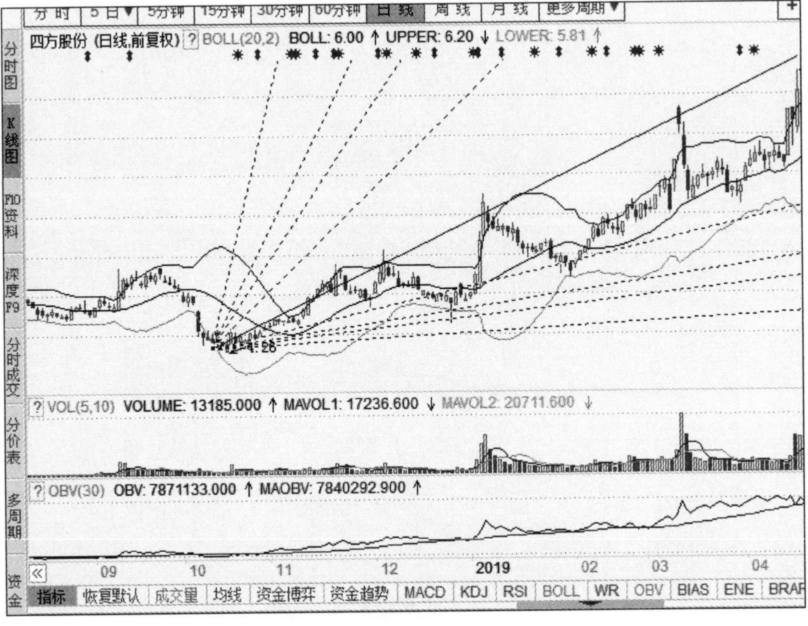
分时
5日
5分钟
15分钟
30分钟
60分钟
日线
周线
月线
更多周期
分时图
K线图
F10资料
深度F9
分时成交
分价表
多周期
资金
四方股份 (日线,前复权) ? BOLL(20,2) BOLL: 6.00 ↑ UPPER: 6.20 ↓ LOWER: 5.81 ↑
4.28
? VOL(5,10) VOLUME: 13185.000 ↑ MAVOL1: 17236.600 ↓ MAVOL2: 20711.600 ↓
? OBV(30) OBV: 7871133.000 ↑ MAOBV: 7840292.900 ↑
09
10
11
12
2019
02
03
04
指标
恢复默认
成交量
均线
资金博弈
资金趋势
MACD
KDJ
RSI
BOLL
WR
OBV
BIAS
ENE

图 2－24

小蛮腰向上发散之后，表明牛市已经启动，每一次的回调都是买入的机会，到了中轨白线的支撑处应进行 1/7 建仓，再向下触及下轨紫线时，则要进行大量建仓，再建 2/7，在牛市中通常有“到中线要捡钱”的说法。

五、卖出预警

根据预警理论，结合大盘和个股图形，最终由 1/7 雷达发出卖出预警信号。卖出预警又可分为：

（1）短线卖出预警。

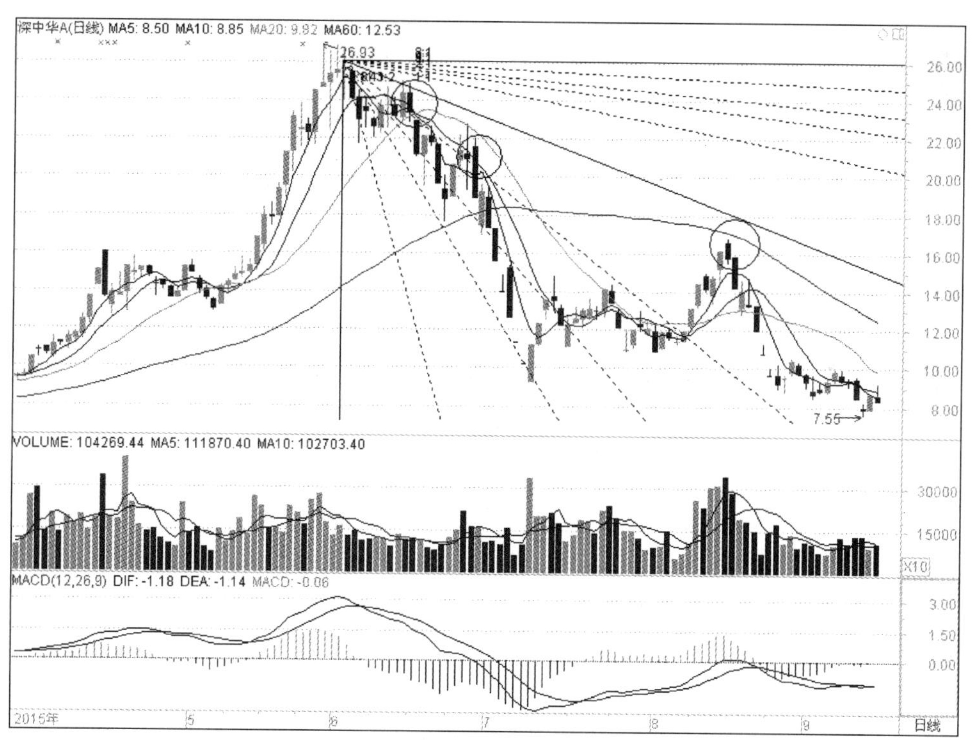

图 2－25

（2）中线卖出预警。图 2－26 是安硕信息 2014 年底至 2015 年中的日线图，图中白色圈处宝塔线红翻绿，MACD 出现死叉，发出了中线卖出信号。

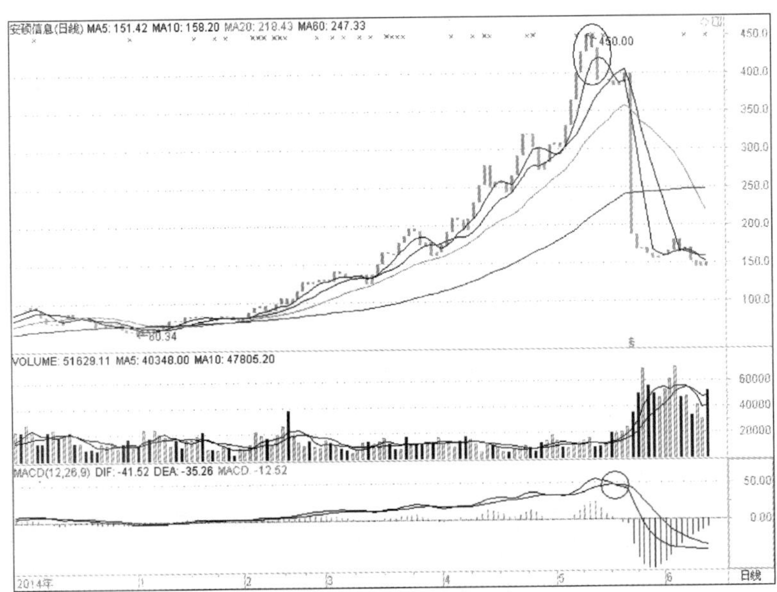

图 2-26

（3）长线卖出预警。图 2-27 为上证指数近 10 年的周线，图中白色圈处宝塔线红翻绿，MACD 出现死叉，发出长线卖出信号。

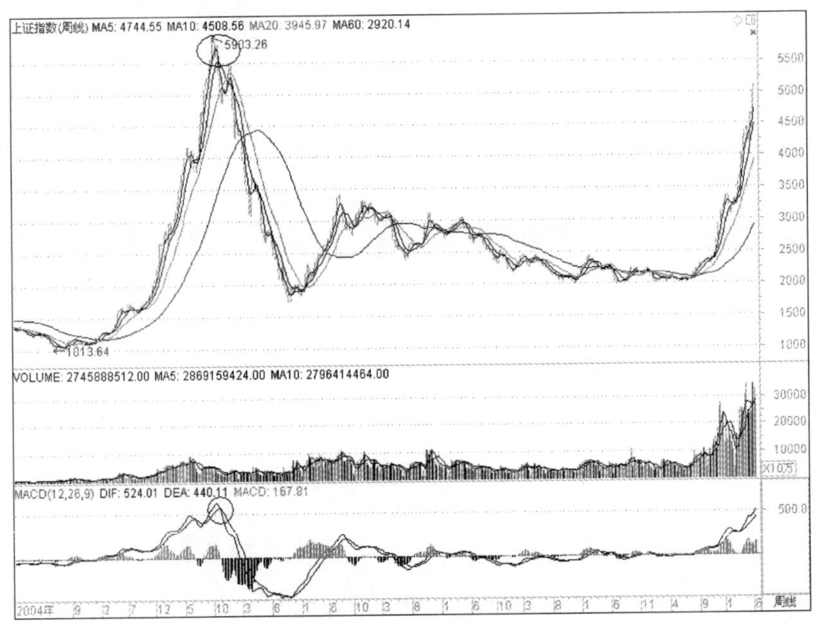

图 2-27

图 2－28 为上证指数 2014 年至 2015 年 9 月的日线图。图中白色圈处为长线沽出点，因为从 2014～2015 年 6 月 15 日的主支撑线已经被跌破，而行情反弹又受到主压力线压制，白色圈处是 1/7 雷达给出的卖出点。

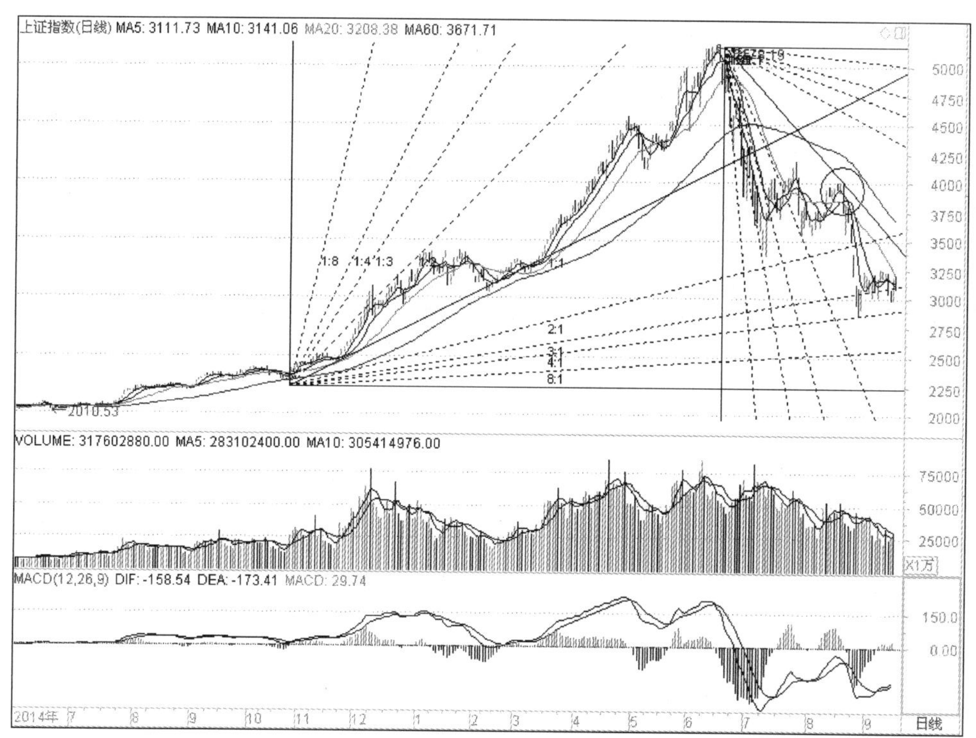

图 2－28

图 2－29 申通快递的价格越过了布林通道上轨的黄线，形成了卖出点，因为黄线并未跟随上扬，无法形成支撑，因此价格必须回到通道的中间运行，K 线的第二个顶与前面的顶形成双头，也是卖出信号。

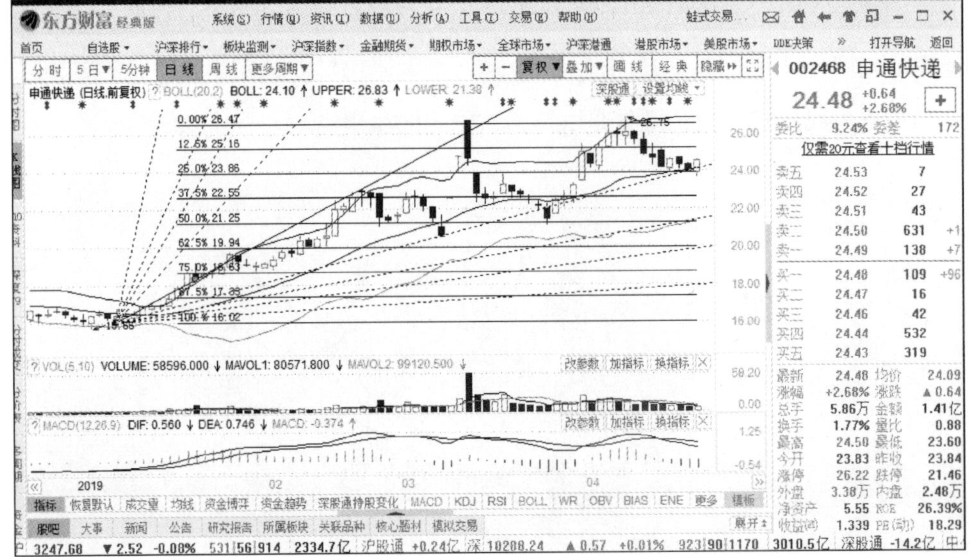

图 2-29

第三节　周期预警

关于市场运行周期，有很多种说法，1/7 操作系统认为，从长期的经验统计看，要十分重视 7 和 7 的倍数周期。因为按照这个周期，非常吻合每周 7 天的自然规律，由于前文所讲的 7 的种种特质，按照 7 的周期展开操作实践证明在市场上赢利的概率最大，操作上也简单易行。而这一点跟江恩理论有很多共通之处，可以借鉴。

江恩认为一个市场的顶点至底点约为 7 年，而 7 年的倍数如 14 年亦会成为市场的关键位置。

图 2－30 为上证指数 7 年周期。

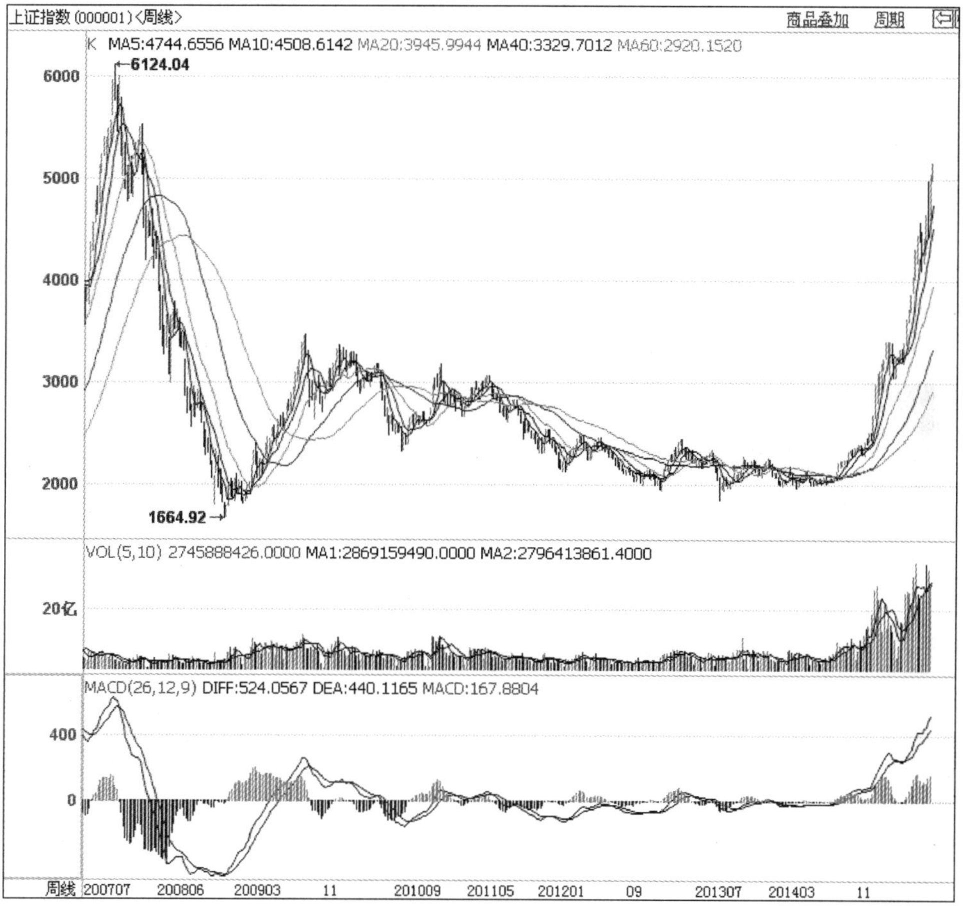

图 2－30

从 2007 年 10 月到 2014 年 6 月，刚好 7 年左右的时间，从 2007 年 10 月的最高点到 2008 年 12 月的最低点则刚好是 14 个月。从 2014 年 4 月到 2015 年 6 月，经过了 14 个月，此时会出现重要阻力窗口。

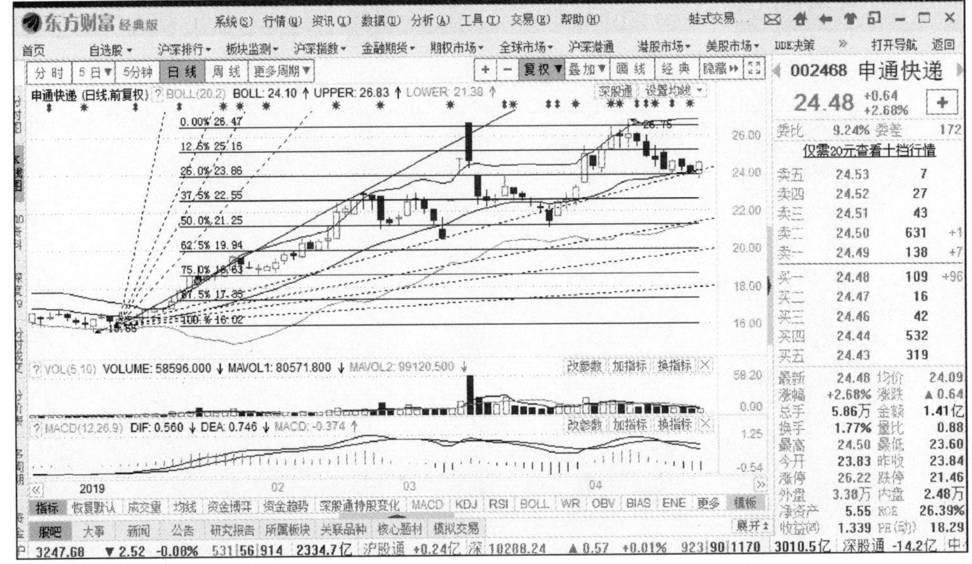

图 2－31

申通快递的 7 天周期非常明显，上扬的时候往往涨了 7 天或 14 天就要进行回调，下跌的时候刚好 7 天就停止，以 7 个交易日为单位的周期十分明显。

第四节　股指期货预警

一、期货与现货的基差预警

股指期货的基差就是指数的期货与现货的点数差。我们现在定义期货比现货低，基差为正；期货比现货高，基差为负。在上升趋势之中，期指通常会比现货高，而下降趋势时则相反。以沪深 300 指数为例，在 2013 年至 2015 年 6 月这将

近两年的牛市中，沪深300指数的基差通常都为负数，即期指比现货点位要高，说明大家强烈看好后市，期指牵引着实盘一路上行。中途偶有跳水，出现期指比现货低，这往往都是买入的好时机。而2015年6月15日开始的股灾，股指期货一路贴水，基差为正，偶有反抽变负则是沽空良机。

图2－32为沪深300期货2015年7月24日和7月27日的分时图。

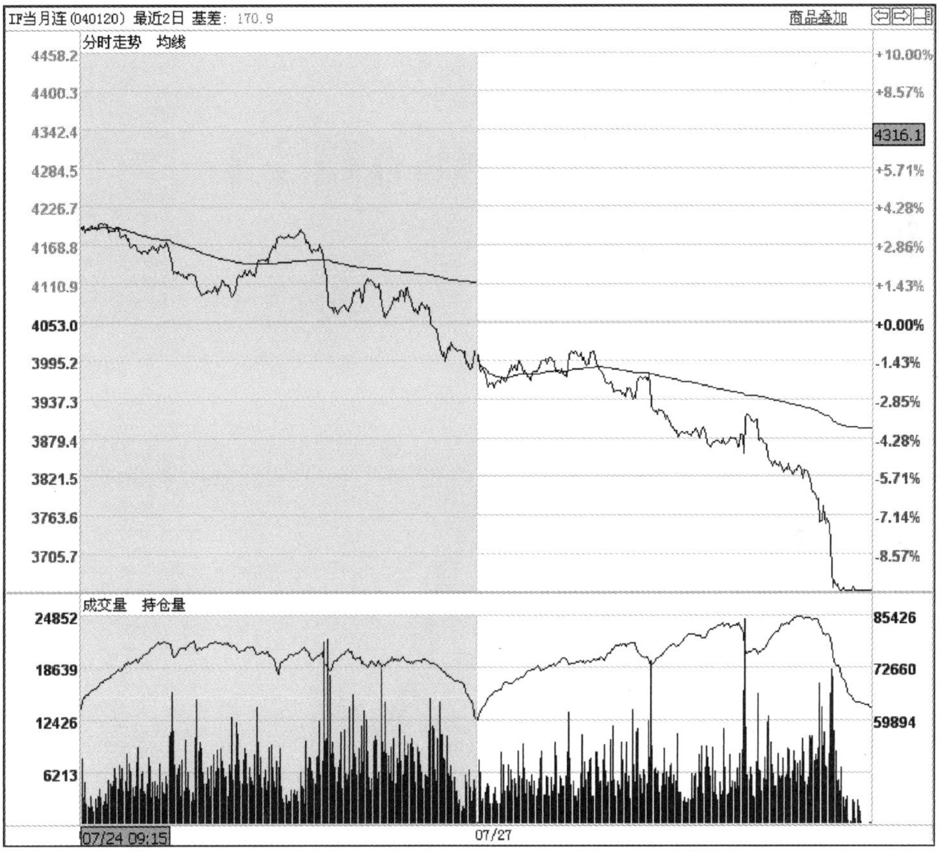

图2－32

7月24日的基差已经到达200，7月27日中午为177，贴水严重，表明看淡后市。结果是，近两天都表现为单边下挫。图2－33、图2－34、图2－35、图2－36分别是沪深300现货和期货的日K线。

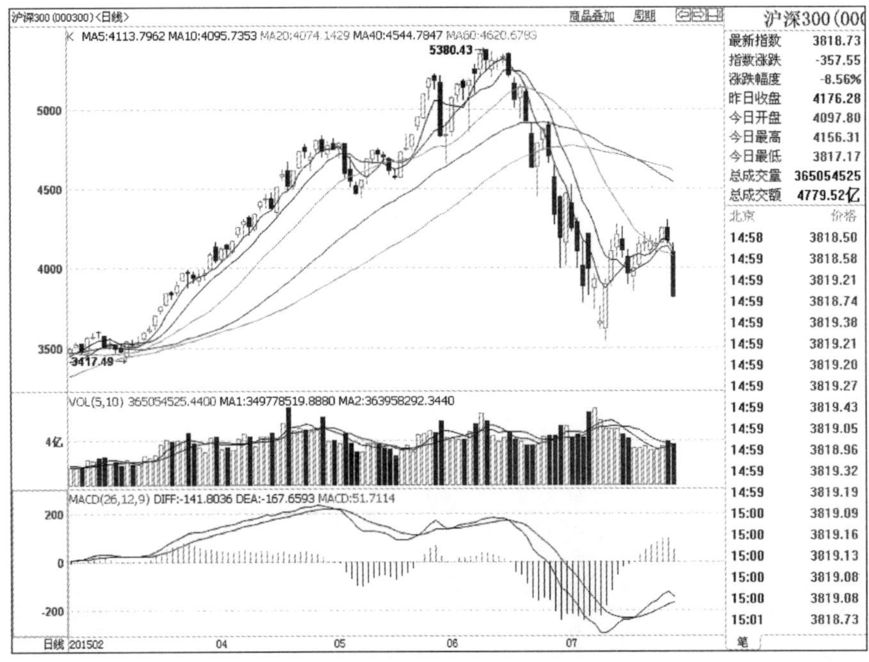
沪深300 (000300)<日线>
商品叠加
周期
K MA5:4113.7962 MA10:4095.7353 MA20:4074.1429 MA40:4544.7847 MA60:4620.6793
5380.43
5000
4500
4000
3500
3417.49
VOL(5,10) 365054525.4400 MA1:349778519.8880 MA2:363958292.3440
4亿
MACD(26,12,9) DIFF:-141.8036 DEA:-167.6593 MACD:51.7114
200
0
-200
日线 201502
04
05
06
07
沪深300(000
最新指数 3818.73
指数涨跌 -357.55
涨跌幅度 -8.56%
昨日收盘 4176.28
今日开盘 4097.80
今日最高 4156.31
今日最低 3817.17
总成交量 365054525
总成交额 4779.52亿
北京 价格
14:58 3818.50
14:59 3818.58
14:59 3819.21
14:59 3818.74
14:59 3819.38
14:59 3819.21
14:59 3819.20
14:59 3819.27
14:59 3819.43
14:59 3819.05
14:59 3818.96
14:59 3819.32
14:59 3819.19
15:00 3819.09
15:00 3819.16
15:00 3819.13
15:00 3819.08
15:00 3819.08
15:01 3818.73
笔

图 2－33

IF当月连 (040120)<日线>
商品叠加
周期
K MA5:3951.6000 MA10:3970.0400 MA20:3973.2700 MA40:4490.7350 MA60:4592.5767
5400.0
5000
4500
4000
3500
3363.0
VOL(5,10) 1716828.0000 MA1:1832590.4000 MA2:1547793.3000
150万
MACD(26,12,9) DIFF:-174.9416 DEA:-196.1145 MACD:42.3458
200
0
-200
日线 201503
04
05
06
07
IF当月连(040120)
卖出 3647.8 1877
买入 --- 0
最新 3647.8 结算 3759.8
涨跌 -405.2 昨结 4053.0
幅度 -10.00% 开盘 4005.0
总手 1716828 最高 4014.0
现手 2 最低 3647.8
涨停 4458.2 跌停 3647.8
持仓 62999 仓差 3105
外盘 822392 内盘 894436
北京 价格 现手 仓差 性质
15:14 3647.8 2 +0 多换
15:14 3647.8 2 -2 双平
15:14 3647.8 4 -3 空平
15:14 3647.8 1 -1 双平
15:14 3647.8 4 -4 双平
15:14 3647.8 6 -1 空平
15:14 3647.8 1 -1 双平
15:14 3647.8 3 -2 空平
15:14 3647.8 14 -14 双平
15:14 3647.8 2 -2 双平
15:14 3647.8 2 -1 空平
15:14 3647.8 1 +0 多换
15:14 3647.8 1 -1 双平
15:14 3647.8 5 -1 空平
15:14 3647.8 34 -13 空平
15:14 3647.8 5 -1 空平
15:14 3647.8 2 -1 空平
笔

图 2－34

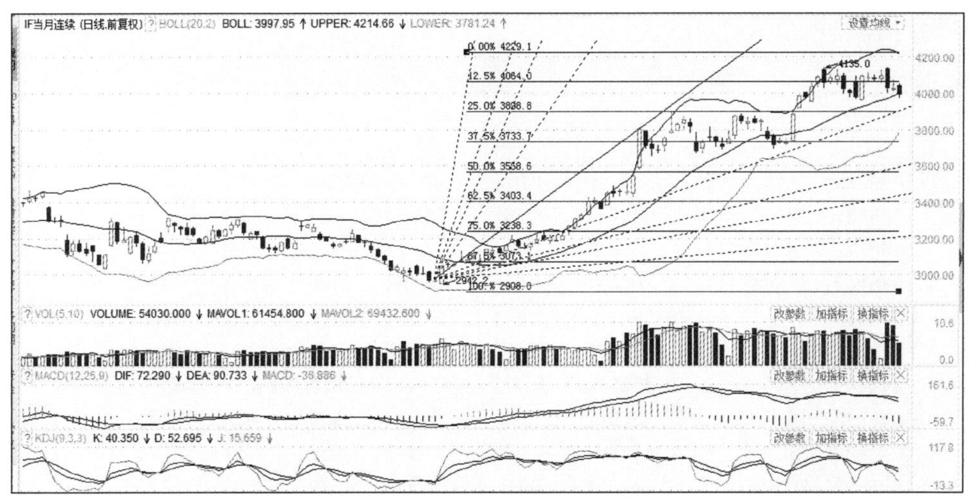

图 2－35

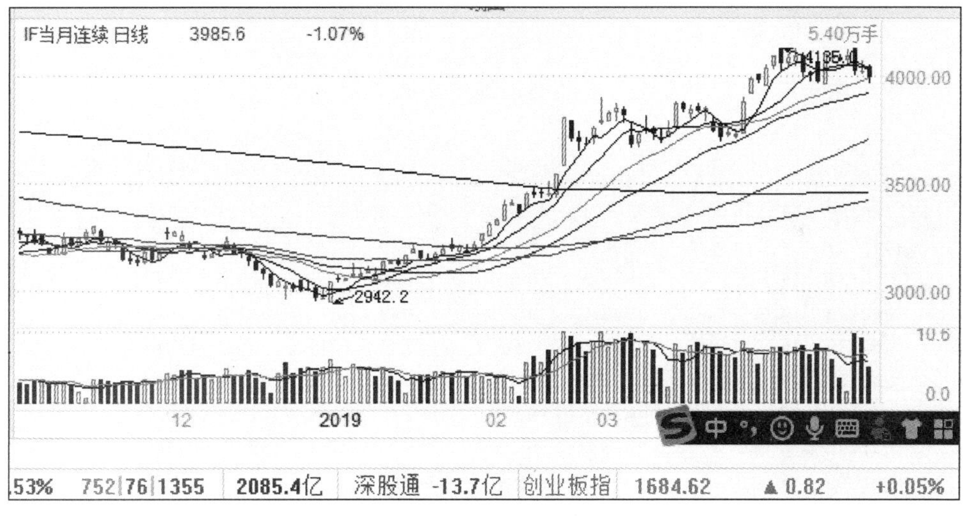

图 2－36

二、股指期货排列预警

根据股指期货的四个合约的点位排列，对后市进行预警。一般说来，如果 4 个月份呈升水排列，即点位依次升高，则预示后市上扬，若呈贴水排列，即点位依次下降，则预示后市下跌。

股指期货所有合约										
序	代码	名称 ✳●	最新	涨幅%	持仓量	日增	涨跌	总量	现量
1	040120	IF当月连续	3985.6	-1.07	61115	-10620	-43.2	5.40万	2
2	040121	IF下月连续	3980.6	-1.05	36054	-609	-42.4	1.24万	1
3	040122	IF下季连续	3968.6	-1.05	15873	-530	-42.2	2119	1
4	040123	IF隔季连续	3970.2	-1.15	369	-20	-46.0	174	1
5	040130	IF主力合约	3985.6	-1.07	61115	-10620	-43.2	5.40万	2
6	040131	IF次主力合	3980.6	-1.05	36054	-609	-42.4	1.24万	1
7	041105	IF1905	3985.6	-1.07	61115	-10620	-43.2	5.40万	2
8	041106	IF1906	3980.6	-1.05	36054	-609	-42.4	1.24万	1
9	041109	IF1909	3968.6	-1.05	15873	-530	-42.2	2119	1
10	041112	IF1912	3970.2	-1.15	369	-20	-46.0	174	1
11	060120	IC当月连续	5552.2	-0.47	48392	-8081	-26.2	3.23万	5

图 2－37

股指期货的四个合约是贴水排列，预示着后市堪忧。

序	代码	名称 ✳●	最新	涨幅%	持仓量	日增	涨跌	总量	现量
1	040120	IF当月连续	4000.2	-0.63	64240	-10006	-25.4	6.37万	2
2	040121	IF下月连续	3996.6	-0.58	36478	-2245	-23.4	1.44万	2
3	040122	IF下季连续	3985.0	-0.69	16209	-302	-27.6	2437	1
4	040123	IF隔季连续	3986.4	-0.79	498	5	-31.8	191	1
5	040130	IF主力合约	4000.2	-0.63	64240	-10006	-25.4	6.37万	2
6	040131	IF次主力合	3996.6	-0.58	36478	-2245	-23.4	1.44万	2
7	041105	IF1905	4000.2	-0.63	64240	-10006	-25.4	6.37万	2
8	041106	IF1906	3996.6	-0.58	36478	-2245	-23.4	1.44万	2
9	041109	IF1909	3985.0	-0.69	16209	-302	-27.6	2437	1
10	041112	IF1912	3986.4	-0.79	498	5	-31.8	191	1

图 2－38

图 2－39、图 2－40 显示，经过 1 周时间的运行，指数果然出现回调，证明了股指期货排列预警的准确性。

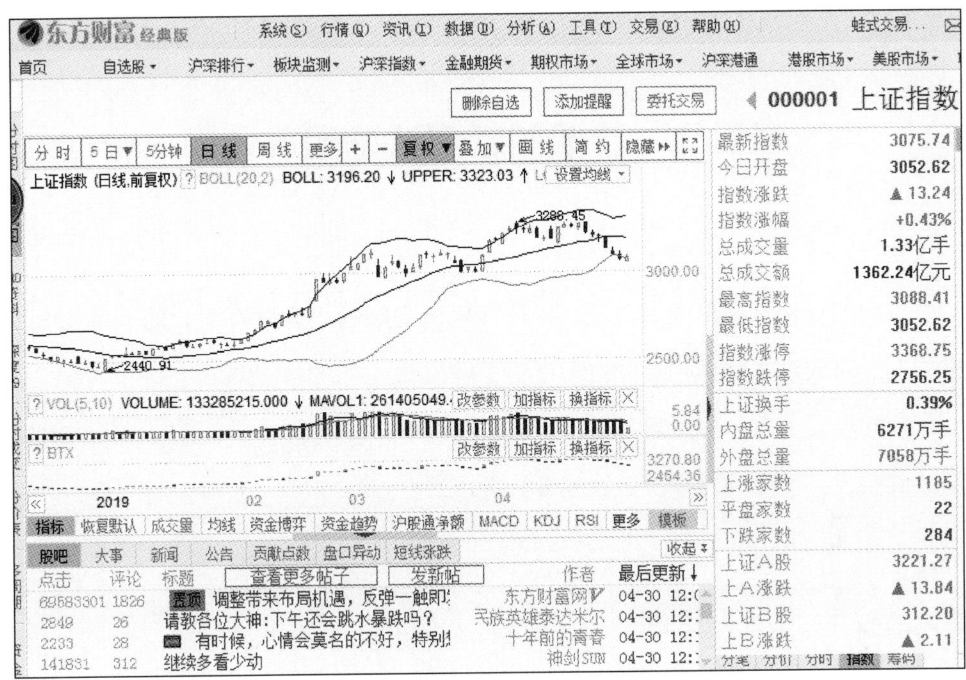

图 2－39

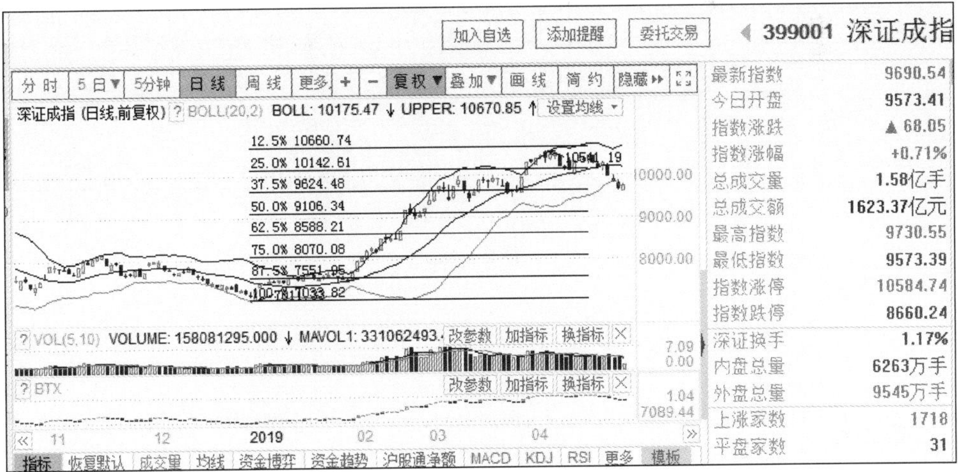

图 2－40

第五节　认购期权和认沽期权预警

认购期权和认沽期权的走势、各种行权价之间的关系以及它们的 K 线分析，都有助于对大盘的整体把握和对后市的了解。

认购期权上涨，说明看好后市，认购期权下跌，则说明看空后市；认沽期权则正好相反，上涨则看空，下跌则看好后市。

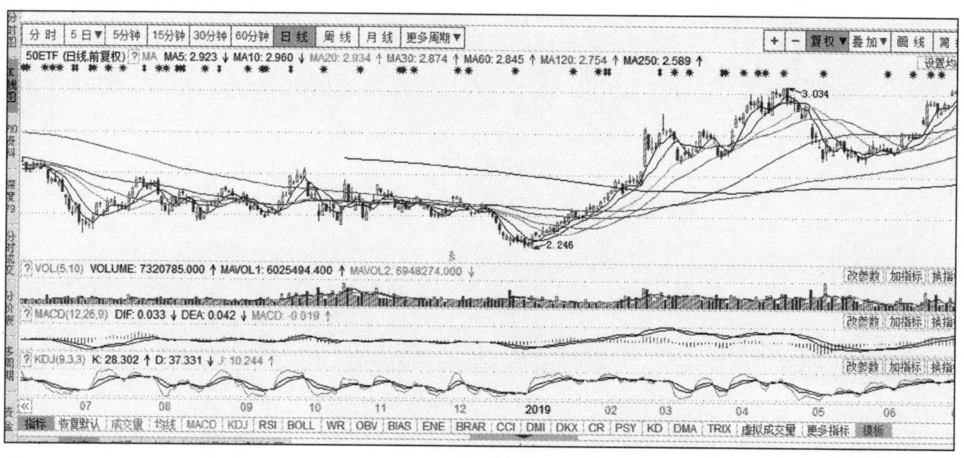

图 2 – 41

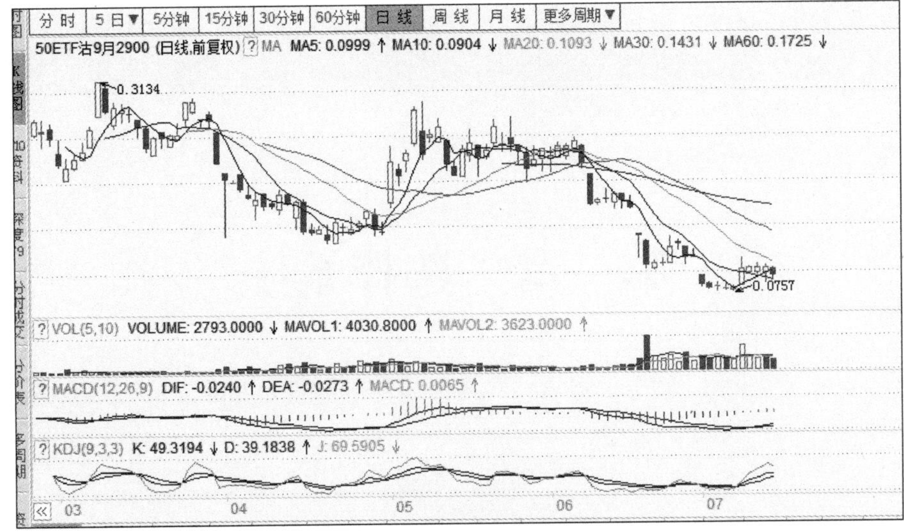

图 2－42

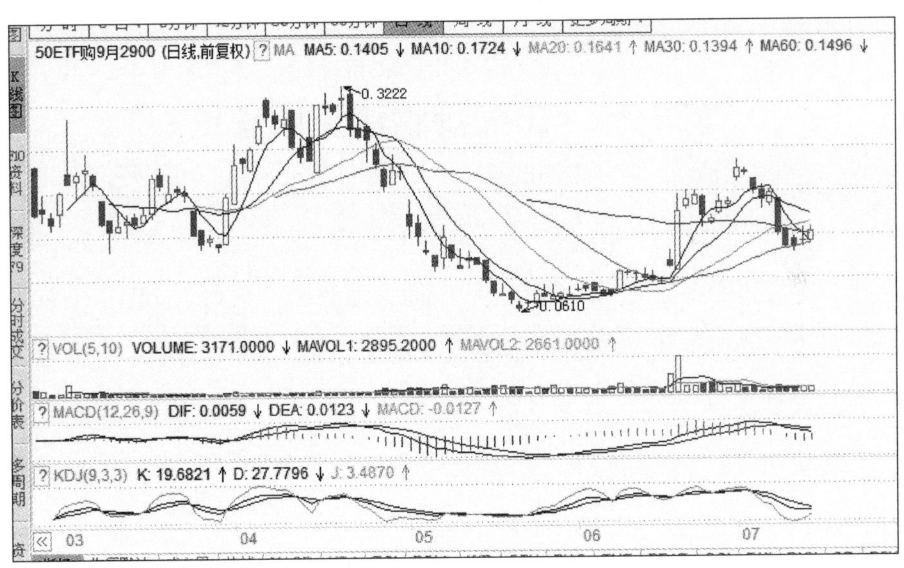

图 2－43

扫描二维码免费观看肖兆权老师视频讲解

第三章　选择系统

第一节　中长线雷达选股理论

在 1/7 雷达的扫描之下，牛市与熊市的大趋势已一览无余，但 1/7 雷达只能给出粗线条的市场走势。由于中国市场的复杂性、跳跃性和不连贯性，为了让选择系统更加精确，更加符合中国蛙市的特点，必须加强 K 线形态分析、均线系统分析和指标分析。在超短线即压缩系统的情况下，还要加强盘口分析。

一、价量组合显示走出底部

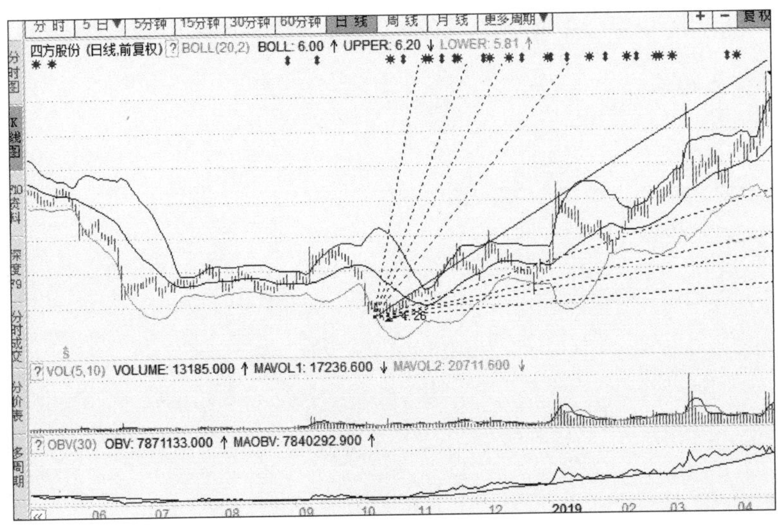

图3－1

二、K线组合显示底部图形，如大圆底、双底、三底、头肩底等

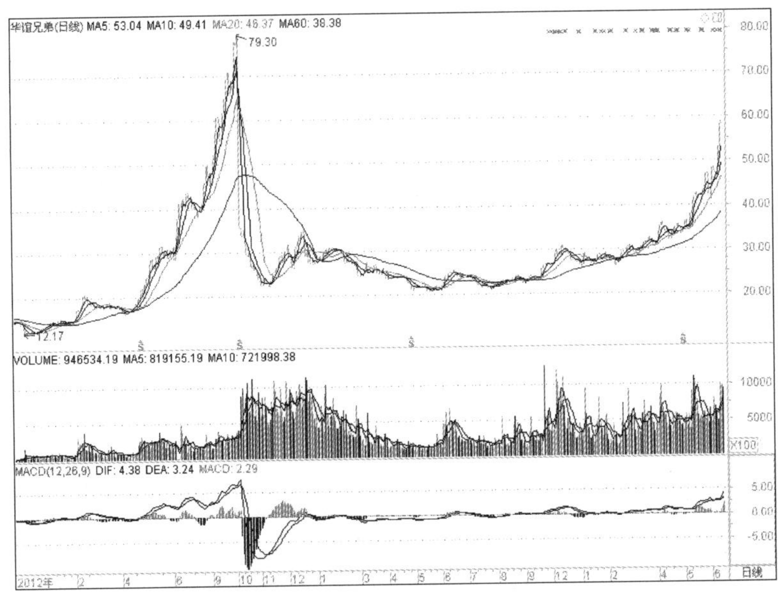

图3－2

图3－2为华谊兄弟三年的日线宝塔线，可明显看出大圆底的形成，而且成交量逐步放大，均线系统呈流畅型多头排列。

图3－3为同花顺2014～2015年的日线宝塔线，图中三角形处为上升三角形突破，可买入跟进。

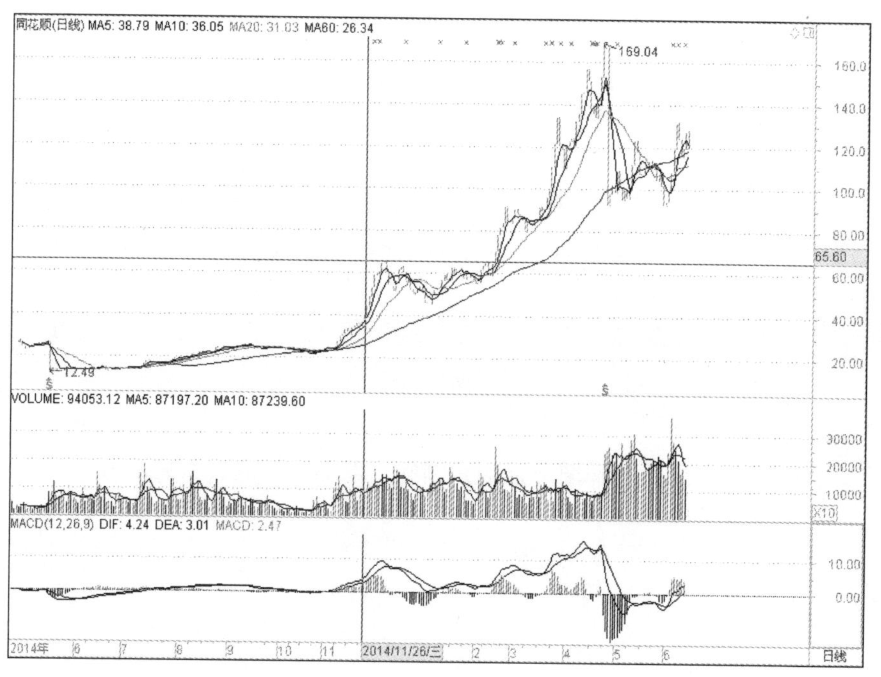

图3－3

三、均线系统分析

一般说来，均线系统呈无交叉平行排列，大方向在30°～60°间，向右上方延伸，是牛市的均线特征；如果在顶部出现短期均线穿越长期均线，比如5天穿越10天、10天穿越20天等，则是牛转熊的重要信号，如果30天和60天等长期均线都形成锐角形拐点，那么转市就确立了。相反，如果均线系统呈无交叉平行排列，并向右下方延伸，角度在－20°～－60°，是典型的熊市特征。

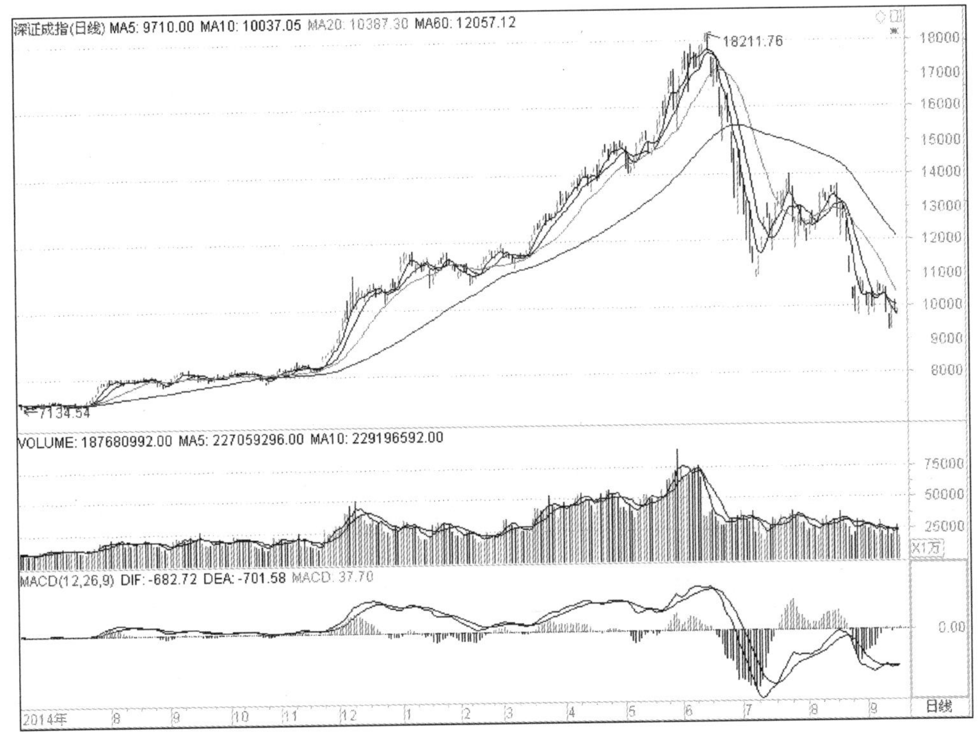

图 3－4

图 3－4 为深成指日 K 线。18000 点以前，均线呈多头排列，之后呈空头排列，60 日均线呈锐角形反转。

四、各种技术指标发出买入卖出信号，如宝塔线和 KDJ 组合

相对强弱指标（RSI）、随机指标（KD）、趋向指标（DMI）、平滑异同平均线（MACD）、能量潮（OBV）、心理线、乖离率等。这些指标已经有了非常成熟的判断标准和运用规则，本书不再重复。但要强调的是，这些技术指标必须要结合 1/7 雷达、K 线系统、均线系统和盘口系统才能锦上添花。

图 3－5 为深成指日线。具体买卖点可参考图形底部的 RSI 和 KDJ 指标。

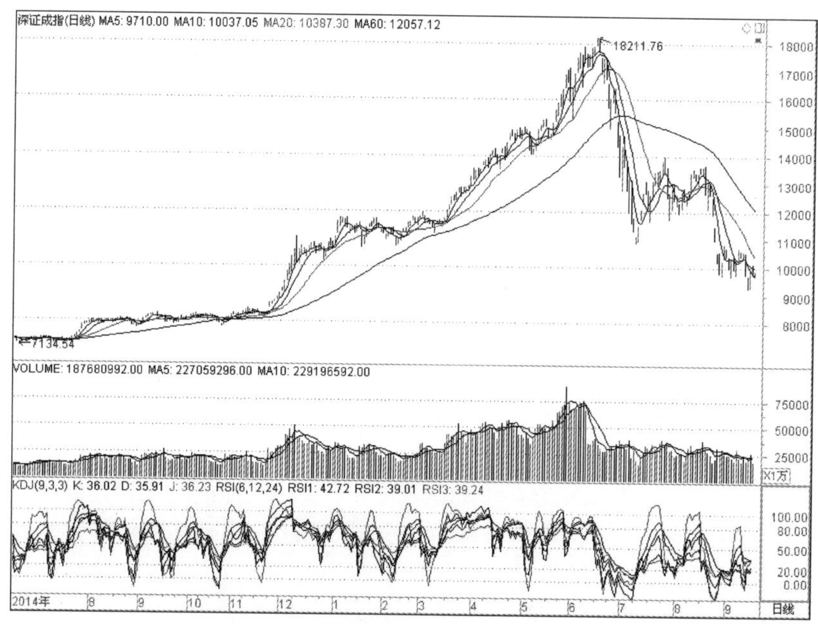

图 3 -5

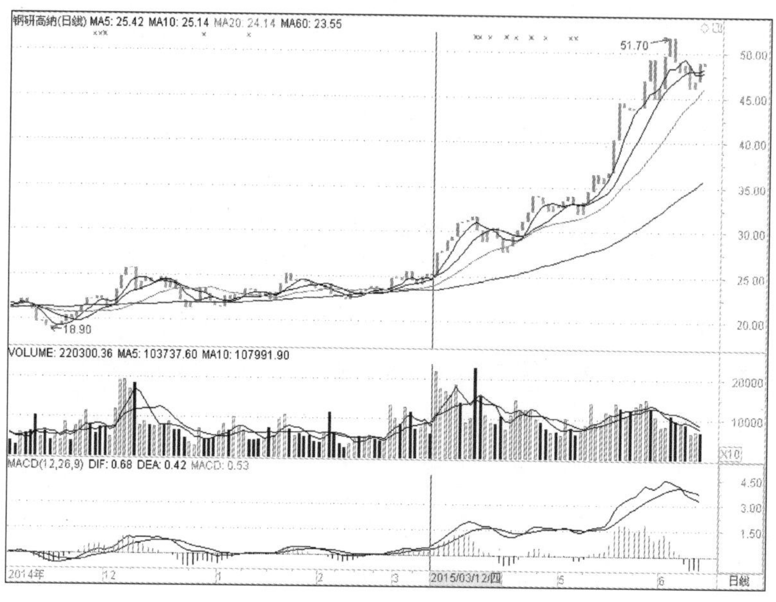

图 3 -6

图 3 -6 为钢研高纳的日线宝塔线。图中竖线位置出现宝塔线大红棒，MACD 出现金叉，均线系统呈多头排列，发出强烈买入信号。

五、灵活地应用心理学的规律

很多时候，行情突破前高点后会出现强烈回抽，这是大幅拉升前的洗盘，必须小跌小买大跌大买，在 60 日均线已明确指示牛市到来的前提下，千万不要被洗盘吓坏，交出筹码。只要均线系统——尤其是 60 日均线方向不改，则可坚定持仓。这就是我们通常所说的“千金难买牛回头”。

第二节 短线选择条件

(1) 短线指标大部分发出买入信号。

(2) 短线 K 线组合显示有短线机会，如旗形、三角形、圆底底、头肩底。

(3) 突发利空或利多，而价量显示有短线机会。

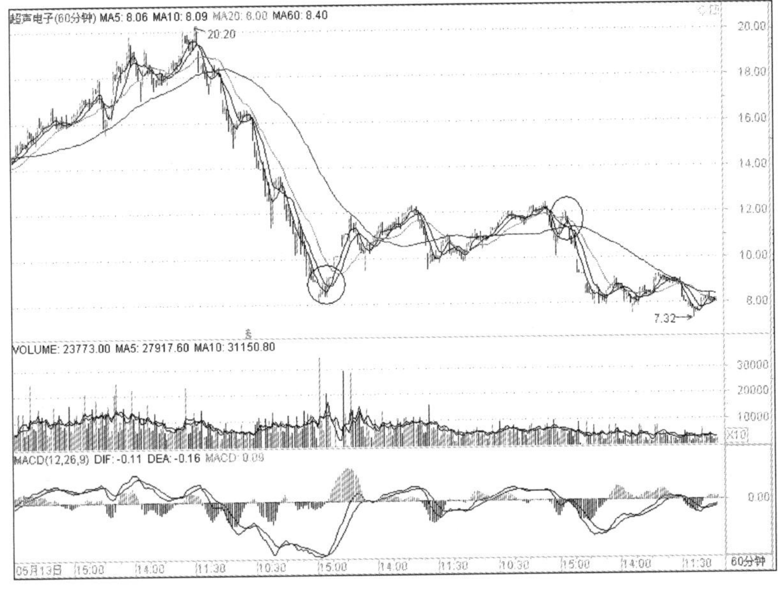

图 3－7

图3－7为超声电子60分钟线。第一个白色圈处为超跌后底部放量，借助消息强势反抽，可短线介入。第二个白色圈处由于大趋势向下，反弹无力，因此逢高短线融券沽空。

（4）盘口数量、密度、变速和愈合力强弱分析。盘口力量的对比，主要看买卖双方力量的强弱。一般说来，买盘数量大、密度高，往往是强势特征，若卖盘数量大、密度高，则是短线走弱的标志。

如果一只股票的盘口变速太快，则往往是庄股的特征，风险较高，经验不足的投资者应尽量躲避，否则容易成为庄家收割的对象。

从蛙式交易的角度看，我们通常选择一些变速不是太快、密度不是太大、盘口较松、愈合力不太强的股票。因为若愈合力太强，则股价前进很困难，盘口单量层出不穷，操作难度太大，且股价下行也同样困难，对降低成本不利。

第三节　K线形态

一、双头

图3－8为深证成指的十年周线图，2007年中到2008年初形成了明显的双头，是强烈的离场信号。

二、头肩顶

图3－9为万科A日线，区间为2006～2008年，这是比较典型的头肩顶形态。在白色圈处回抽确认之后即应抛出。

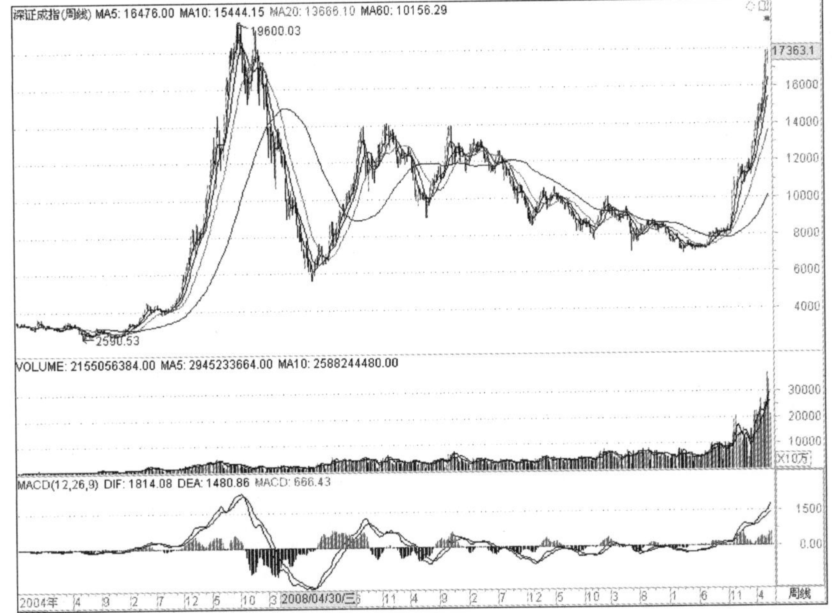
深证成指(周线) MA5: 16476.00 MA10: 15444.15 MA20: 13666.10 MA60: 10156.29
19600.03
17363.1
16000
14000
12000
10000
8000
6000
4000
2590.53
VOLUME: 2155056384.00 MA5: 2945233664.00 MA10: 2588244480.00
30000
20000
10000
X10万
MACD(12,26,9) DIF: 1814.08 DEA: 1480.86 MACD: 666.43
1500
0.00
2004年 4 9 2 7 12 5 10 3 2008/04/30/三 11 4 9 2 7 12 5 10 3 8 1 6 11 4
周线

图 3-8

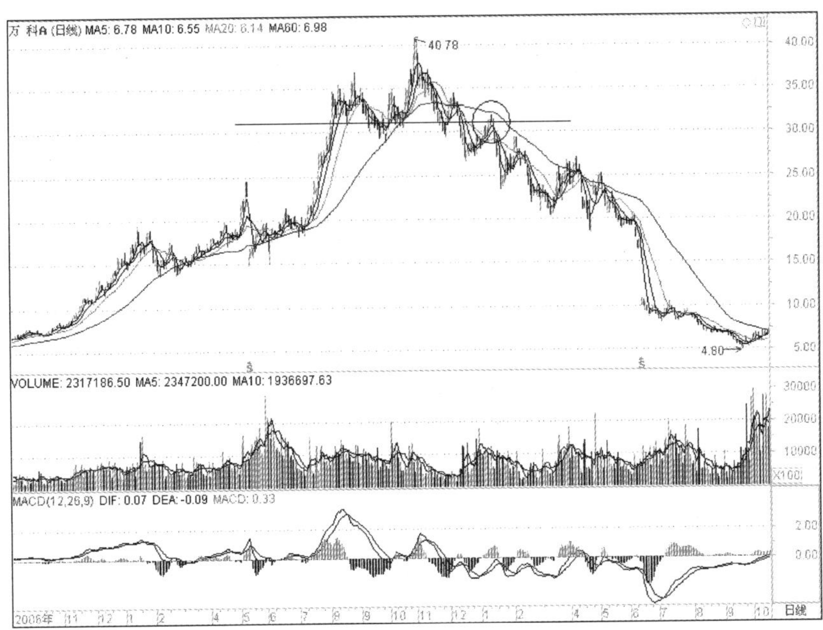
万 科A (日线) MA5: 6.78 MA10: 6.55 MA20: 6.14 MA60: 6.98
40.78
40.00
35.00
30.00
25.00
20.00
15.00
10.00
5.00
4.80
VOLUME: 2317186.50 MA5: 2347200.00 MA10: 1936697.63
30000
20000
10000
X100
MACD(12,26,9) DIF: 0.07 DEA: -0.09 MACD: 0.33
2.00
0.00
2006年 11 12 1 2 4 5 6 7 8 9 10 11 12 1 2 4 5 6 7 8 9 10
日线

图 3-9

三、箱型震荡

图 3 – 10 为金融街日线。可以明显看到，2014 年 7 ~ 11 月，该股处于箱型震荡，12 月初突破箱体，发出买入信号。

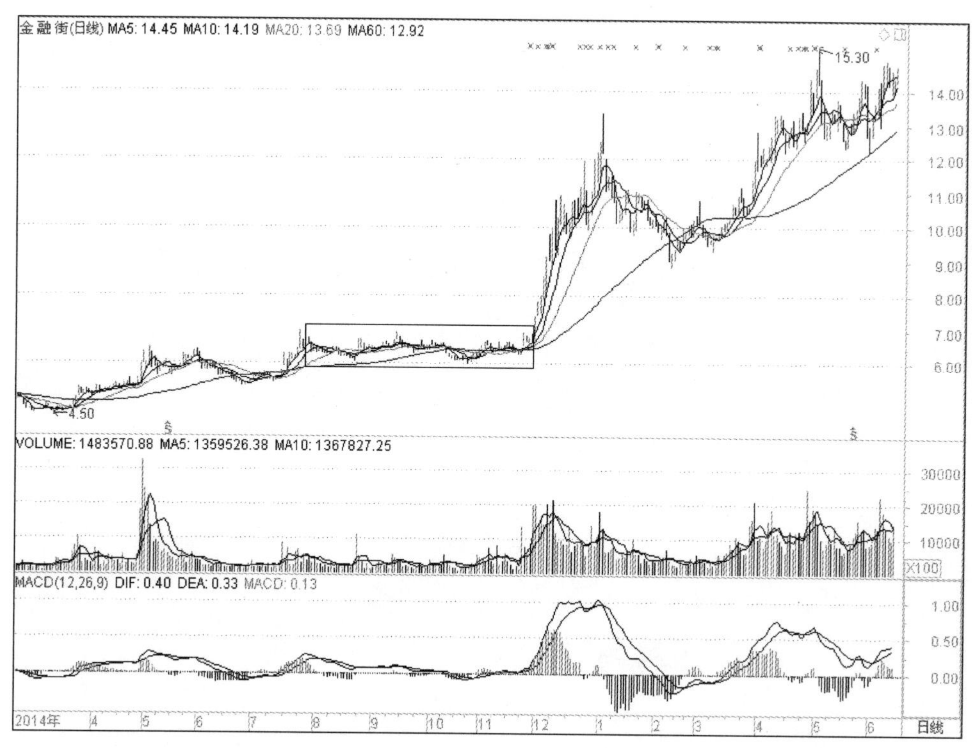

图 3 – 10

四、下降通道

图 3 – 11 为平安银行 2007 ~ 2009 年日线图，图中下降通道十分明显。

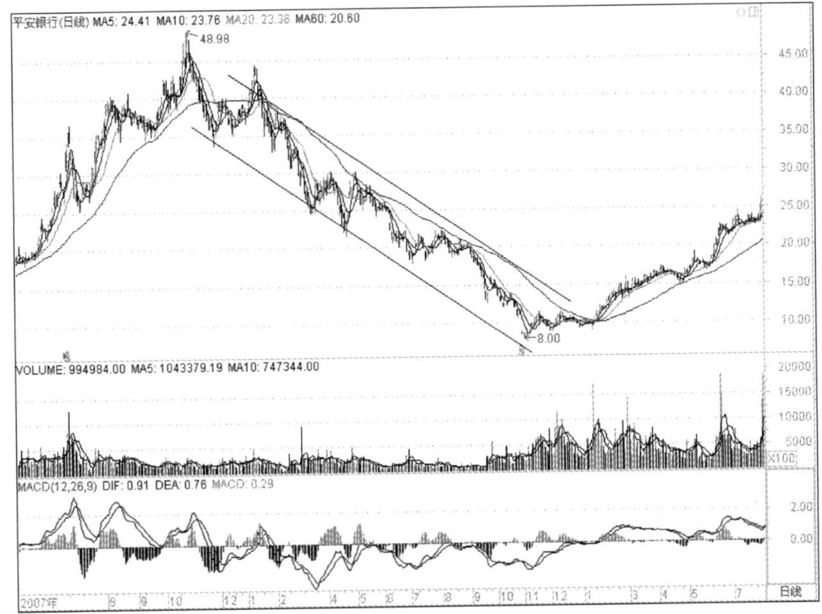

图 3-11

图 3-12 为平安银行 2006~2010 年的周宝塔线。

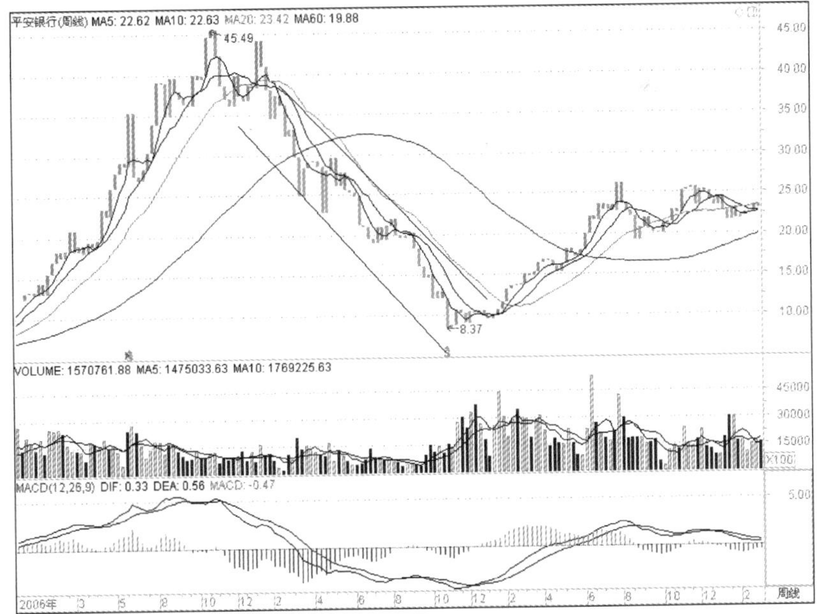

图 3-12

五、反压线

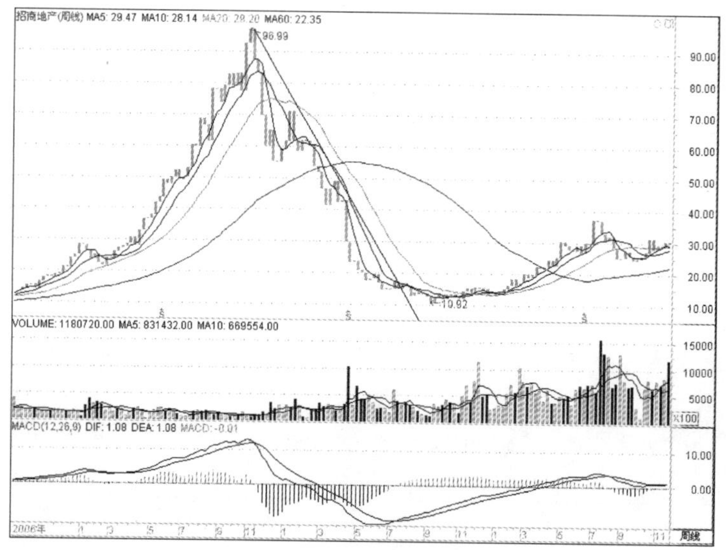

图 3－13

六、头肩底

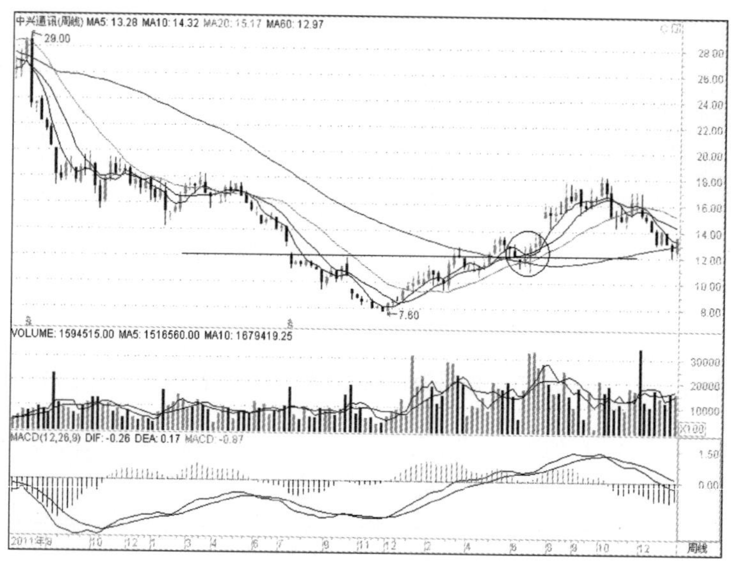

图 3－14

七、圆弧顶

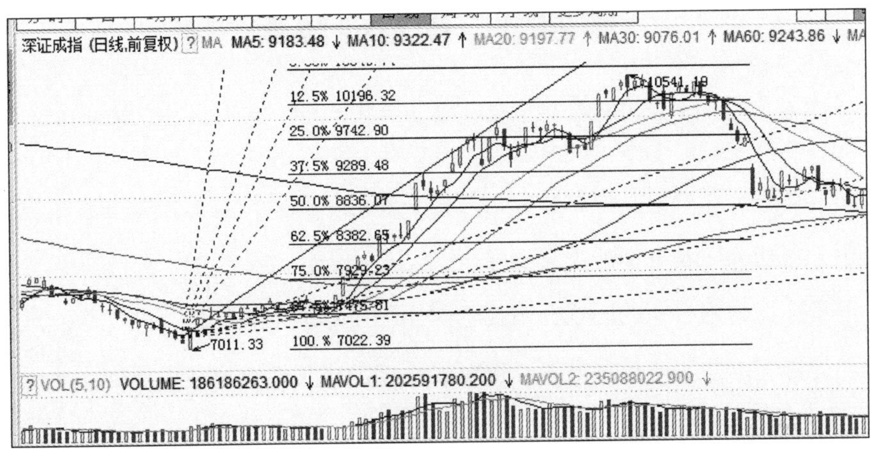

图 3-15

八、圆弧底

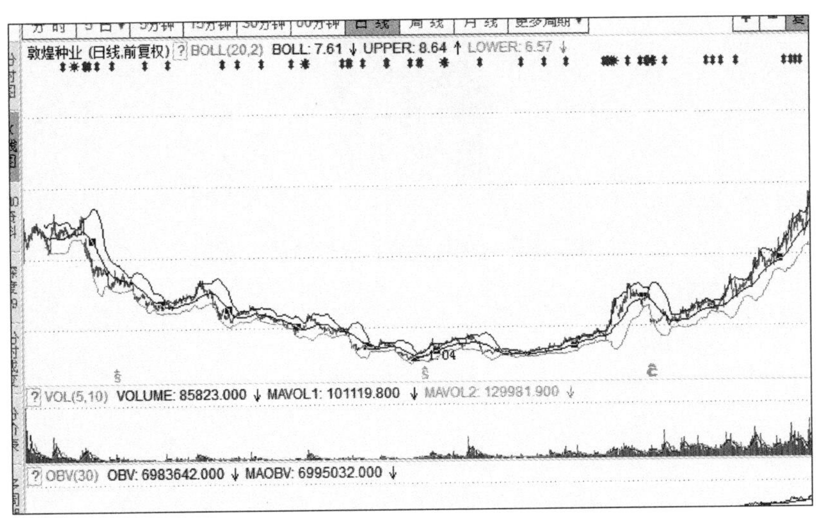

图 3-16

第四节　基本面筛查

在选择目标股票时，应从行业、地位、效益、成长性、流通盘等各个方面综合分析，密切关注基本面的消息变化。

尽量选择朝阳行业的股票，不要选夕阳行业；地位最好是行业龙头；效益增长性比较好，不能只看静态效益，还要看长期的成长性；流通盘不能太大，通常不要超过 10 亿元。

对基本面的筛查，应做到长期动态观察，不能刻舟求剑，也不能以偏概全，盲人摸象。

扫描二维码免费观看肖兆权老师视频讲解

第四章　建仓系统

第一节　建仓理论

根据 1/7 雷达给出的大盘走势判断，结合选择系统选择的建仓品种，按照1/7建仓系统理论建仓。

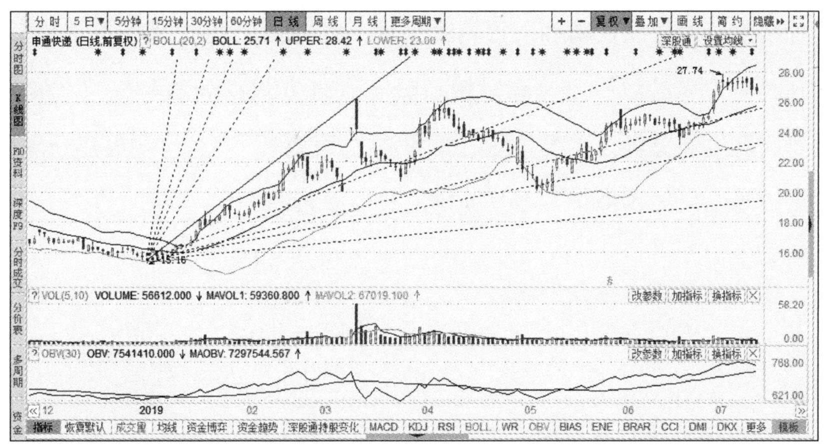

图 4－1

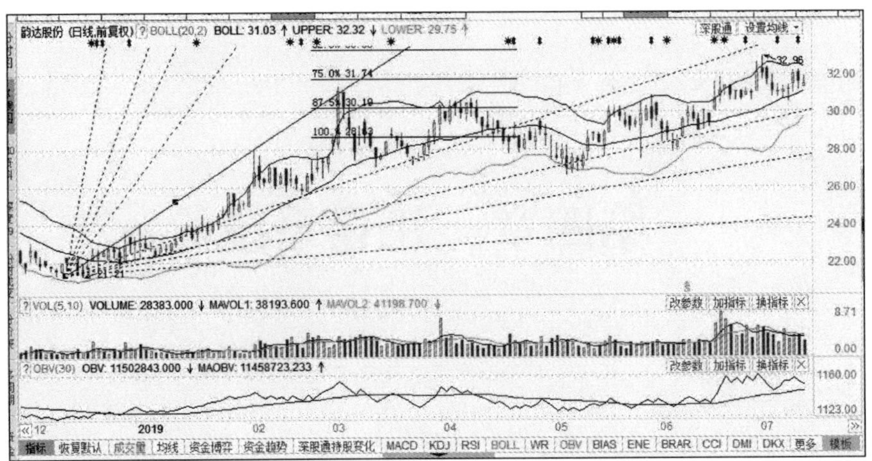

图 4-2

第二节　多头建仓系统

本系统适用于股票等非杠杆单向交易类品种，运用于杠杆类双向交易建仓时，资金必须分为建仓资金和防守资金，而且建仓比例和时间都要做相应变动，以应对建仓时带来的浮亏。建仓系统按资金管理方式可分为单杠式和哑铃式两种；按时间和空间分类，主要是摊平式和追击式两种。后文的空头建仓理论则主要基于融券卖空、股指期货、商品期货等双向交易类产品。

一、多头摊低成本建仓系统

（一）长线

（1）首市建仓建总仓位的 1/7，如建仓后价格上升，不追。

（2）当价格下跌 5% 左右时，二次建仓 2/7，使总仓位达 3/7，如建仓后价格上升，不追。

（3）当价格再下跌5%时，三次建仓4/7，使总仓位达7/7，建仓完毕。

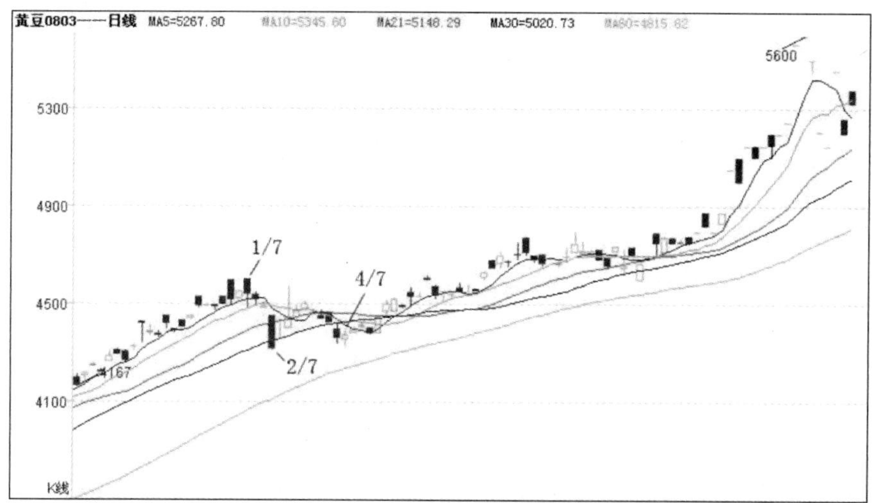

图4－3

西藏矿业日K线如图4－4、图4－5所示。

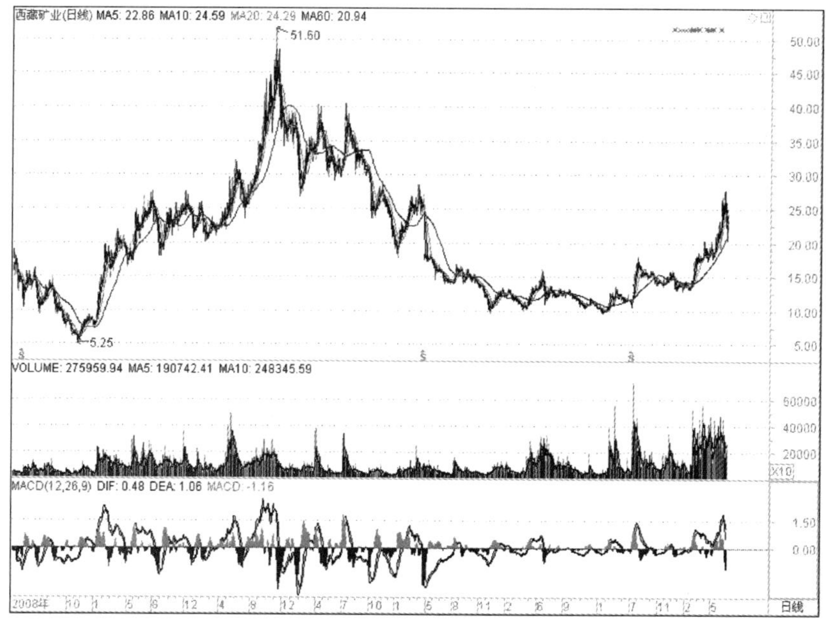

图4－4

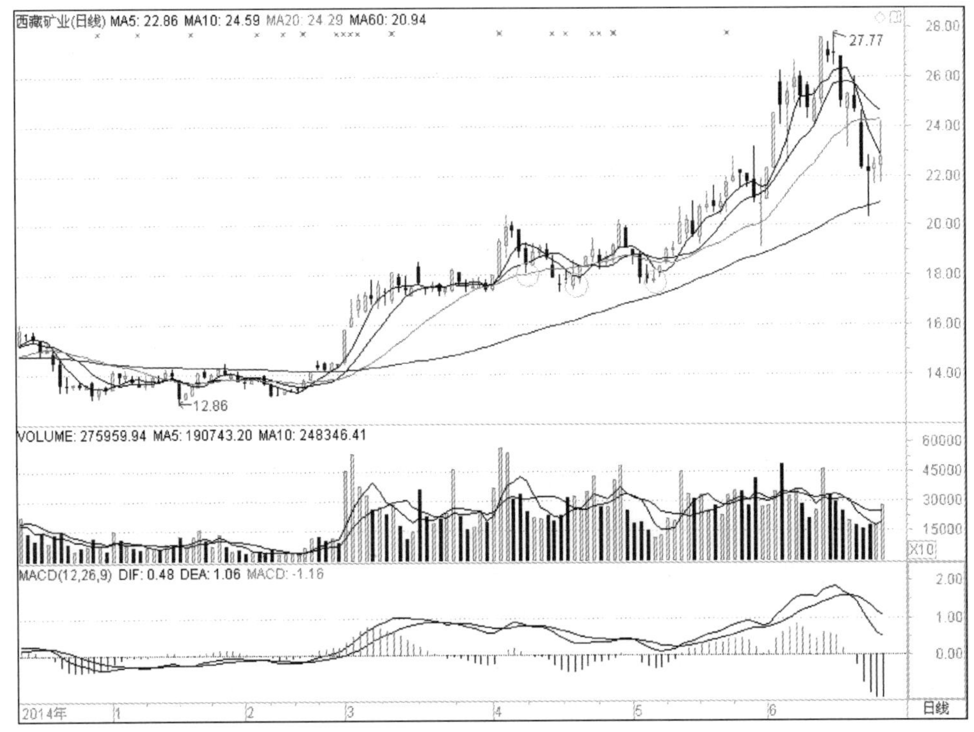

图 4－5

（二）中线

（1）首次建仓建总仓位的 1/7，如建仓后价格上升，不追。

（2）当价格下跌 4% 时，二次建仓 2/7，使总仓位达 3/7，价格上升，则不追。

（3）当价格再下跌 4% 时，三次建仓 4/7，使总仓位达 7/7，建仓完毕。

西藏矿业日线如图 4－7 所示。

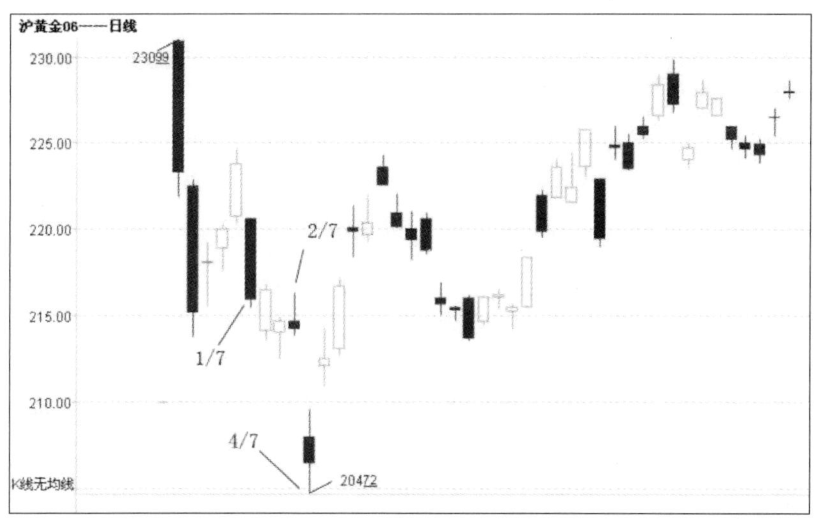

图 4-6

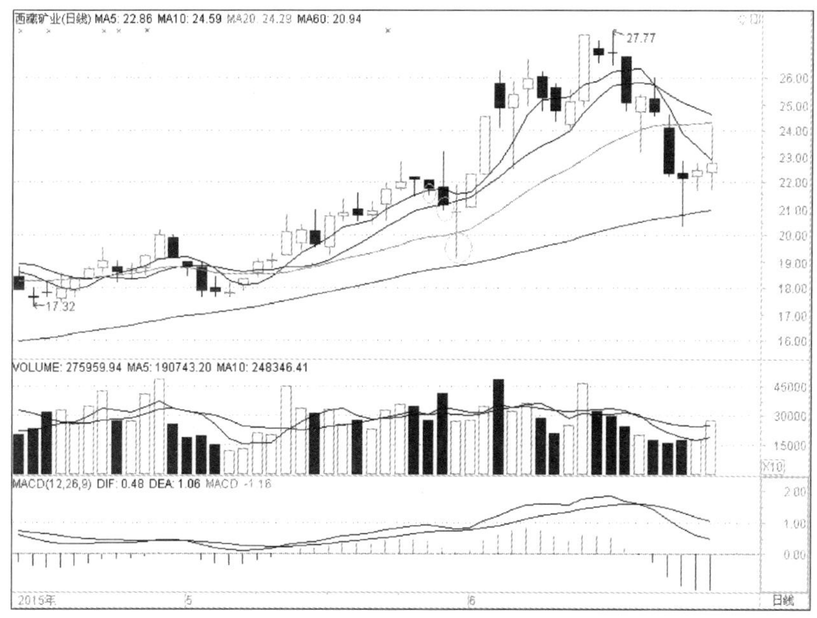

图 4-7

（三）短线

（1）首次建仓建总仓位的1/7，如建仓后价格上升，不追。

（2）当价格下跌3%时，二次建仓2/7，使总仓位达3/7，价格上升，则不追。

（3）当价格再下跌3%时，三次建仓4/7，使总仓位达7/7，建仓完毕。

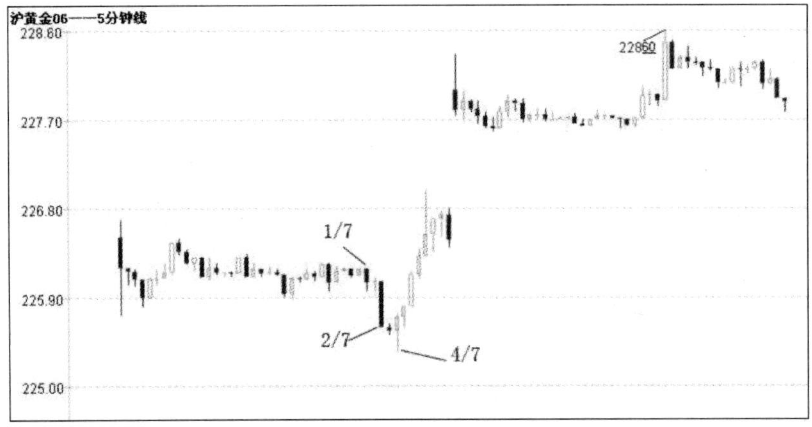

图4－8

西藏矿业三日分时图如图4－9所示。

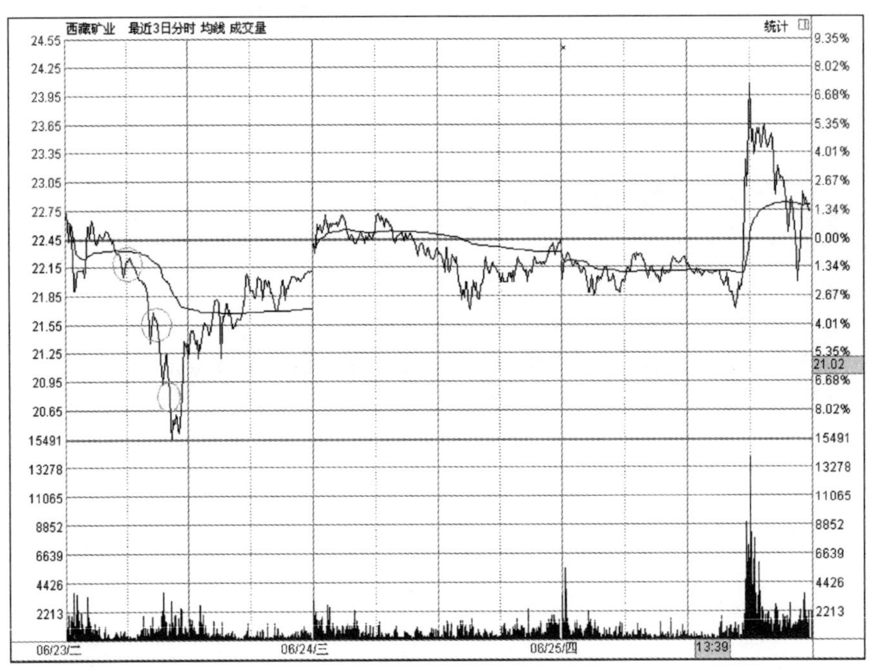

图4－9

二、多头追击建仓系统

追击建仓分为大追击和小追击，大追击首次建仓4/7，第二次建仓2/7，第三次建仓1/7。小追击首次建仓1/7，第二次建仓1/14，第三次建仓1/28。下例为大追击。

（一）长线

在长期的复合型底部确立以后一旦形成加速上扬则追击建仓。

（1）首次建仓建总仓位的4/7。

（2）当第一次建仓回抽受支撑在支撑点二次建仓2/7，使总仓位达6/7。

（3）当价格证实加速上扬时第三次建仓1/7，使总仓位达7/7，建仓完毕。

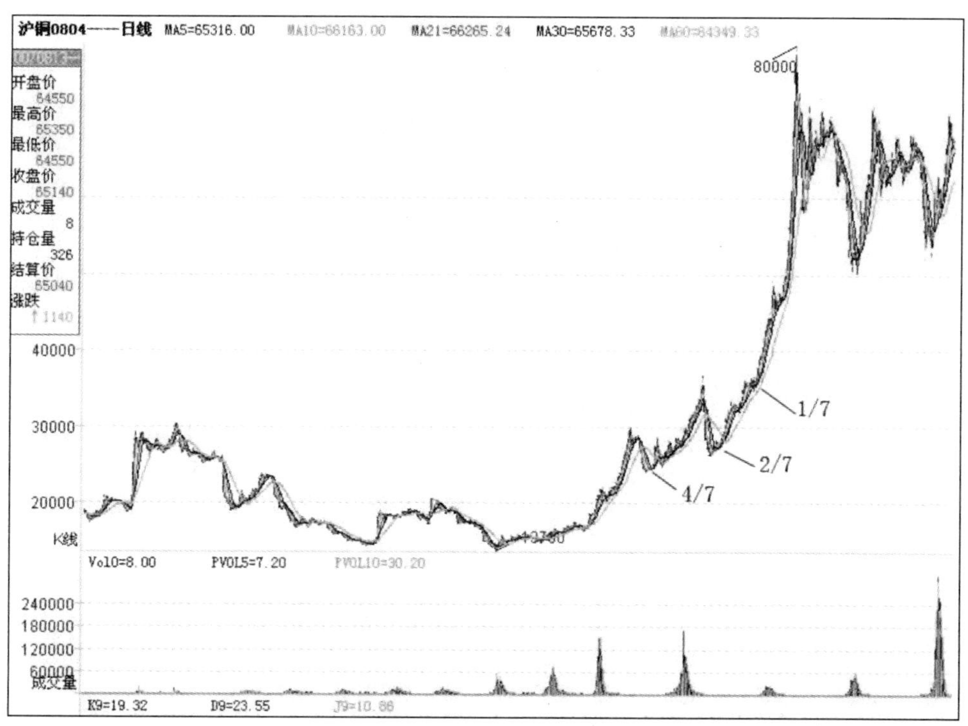

图4－10

西藏矿业日线如图4－11所示。

图4－11

(二) 中线

在一个中期底部形成并伴有瞬间消息刺激。

(1) 首次建仓建总仓位的4/7。

(2) 当第一次建仓回抽受支撑在支撑点二次建仓2/7，使总仓位达6/7。

(3) 当价格证实加速上扬时第三次建仓1/7，使总仓位达7/7，建仓完毕。

(三) 短线

当天有突发性消息刺激且前期价格在底部运行，可作T＋0操作。

(1) 首次建仓建总仓位的4/7。

(2) 当第一次建仓回抽受支撑在支撑点二次建仓2/7，使总仓位达6/7。

(3) 当价格证实加速上扬时第三次建仓1/7，使总仓位达7/7，建仓完毕。

第三节　空头建仓系统

以前中国证券市场是没有做空机制的，所以无法沽空，现在有了融资融券可以双向交易，大部分品种都可以融券做空，或者通过股指期货沽空，或投机或套保，在空头市场或熊市中依然可以赚钱。

从空间上讲，熊市建仓同样存在摊平建仓和追击建仓两大类。从时间上讲，熊市建仓也存在长线建仓、中线建仓和短线建仓三种。

一、一二四倒三角建仓

（一）长线倒三角建仓

在图 4－12 中圈内按照一二四的步骤摊平沽空建仓。

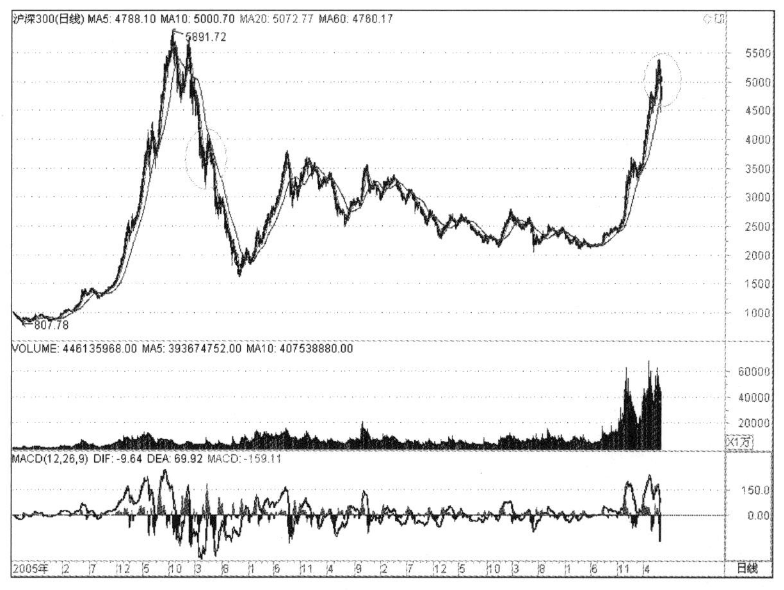

图 4－12

（二）中短线倒三角建仓

沪深300股指期货60分钟线如图4－13所示。

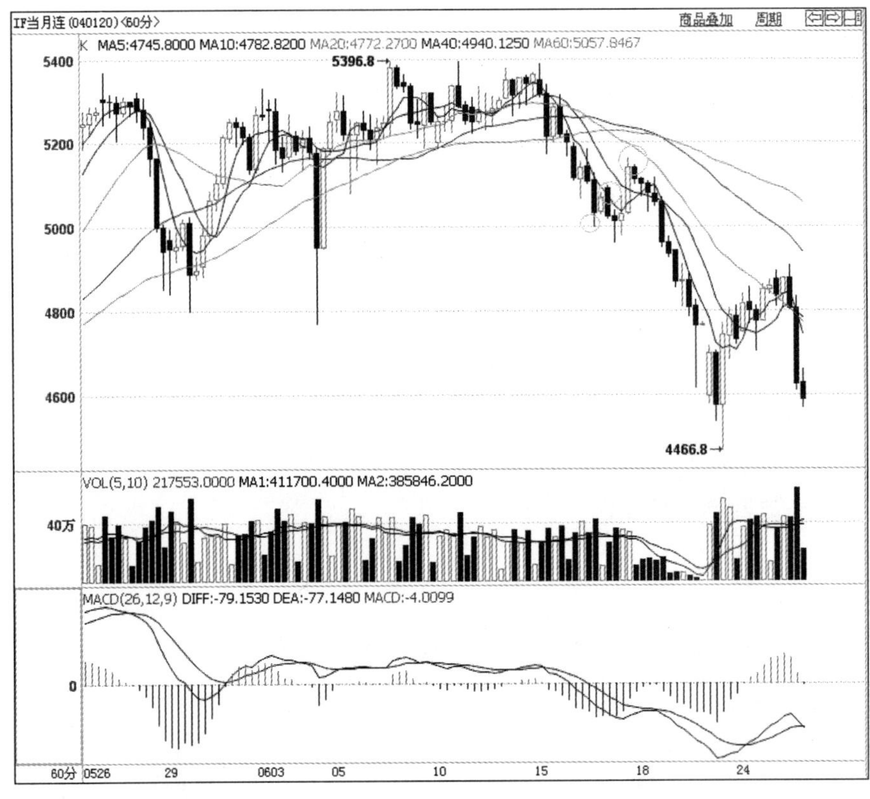

图4－13

图4－13中圈处按圈子大小分别沽出1/7、2/7、4/7。

二、四二一追击型建仓

（一）长线

在长期的复合型顶部形成以后有突发性利空消息。

（1）首市建仓建总仓位的4/7。

（2）当价格反弹至局部高点时二次建仓2/7，使总仓位达6/7。

（3）当价格再次反弹至局部高点时第三次建仓1/7，使总仓位达7/7，建仓完毕。

图 4－14

（二）中线

中期顶部形成以后有突发性利空消息。

（1）首市建仓建总仓位的 4/7。

（2）当价格反弹至局部高点时二次建仓 2/7，使总仓位达 6/7。

（3）当价格再次反弹至局部高点时第三次建仓 1/7，使总仓位达 7/7，建仓完毕。

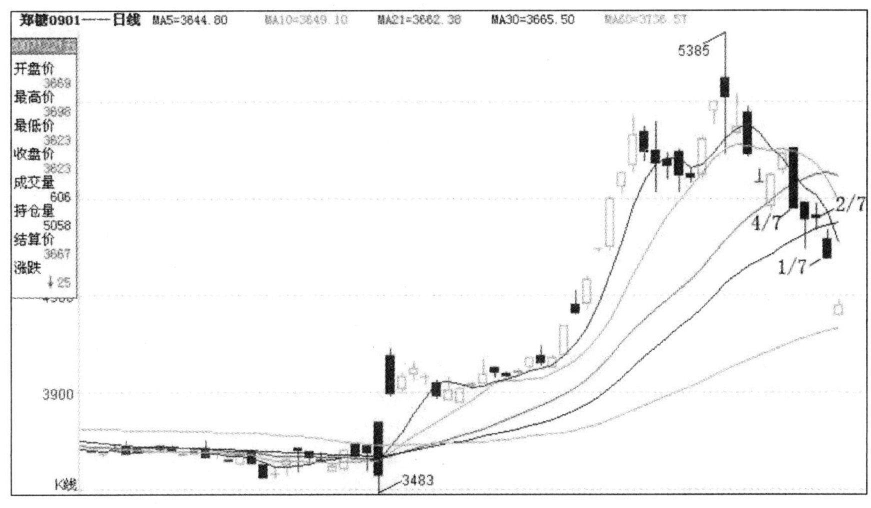

图 4－15

（三）短线

在头部区域且有突发性利空消息可进行 T +0 交易。

（1）首市建仓建总仓位的 4/7。

（2）当价格反弹至局部高点时二次建仓 2/7，使总仓位达 6/7。

（3）当价格再次反弹至局部高点时第三次建仓 1/7，使总仓位达 7/7，建仓完毕。

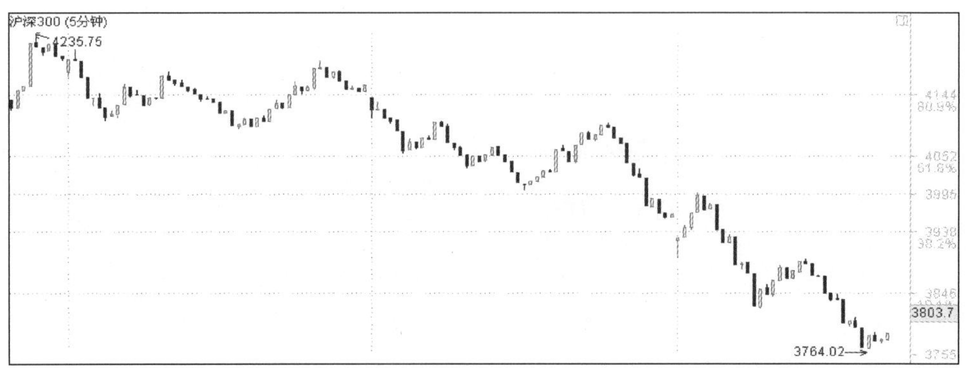

图 4 – 16

第四节　牛皮市建仓系统（箱型震荡）

不论长、中、短线，都按高抛低吸原则，资金管理参照建仓系统。

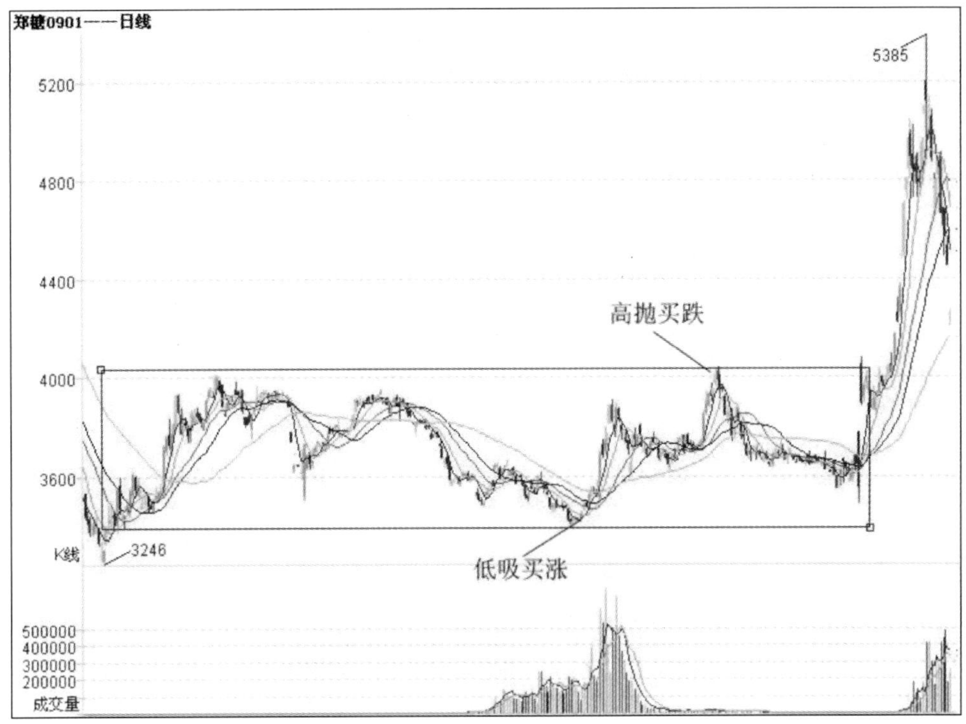

图 4－17

在箱型震荡期间，根据布林通道的三轨，高抛低吸，并根据宝塔线、MACD、KDJ 等指标指向决定仓位大小，用 1/7 操作系统控制仓位，用蛙式交易控制点位，抽丝剥茧，要打太极，不要打泰拳。

扫描二维码免费观看肖兆权老师视频讲解

第五章　平仓系统

第一节　多头平仓系统

下述系统为在正常市场状态下的一般性原则。

一、哑铃式摊高收益平仓系统

（一）长线

（1）当价格上升到建仓价格（加权平均价）以上 30% 时，平仓 1/7。如首次平仓后，价格下跌 7%，则全部平仓。

（2）当价格继续又上升 7% 时，再平仓 2/7，如下跌 7%，全部出局。

（3）当价格继续又上升 7% 时，再平仓 4/7，全部出局。若达不到 7%，全部平仓出局。

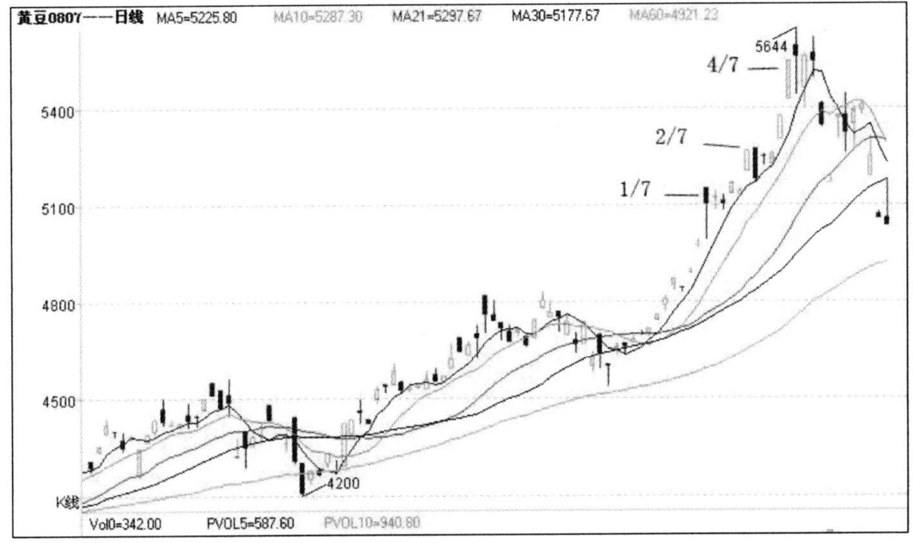

图 5－1

（二）中线

（1）当价格上升到建仓价格（加权平均价）以上 20% 时，平仓 1/7，如首次平仓后，价格下跌 5%，则全部平仓。

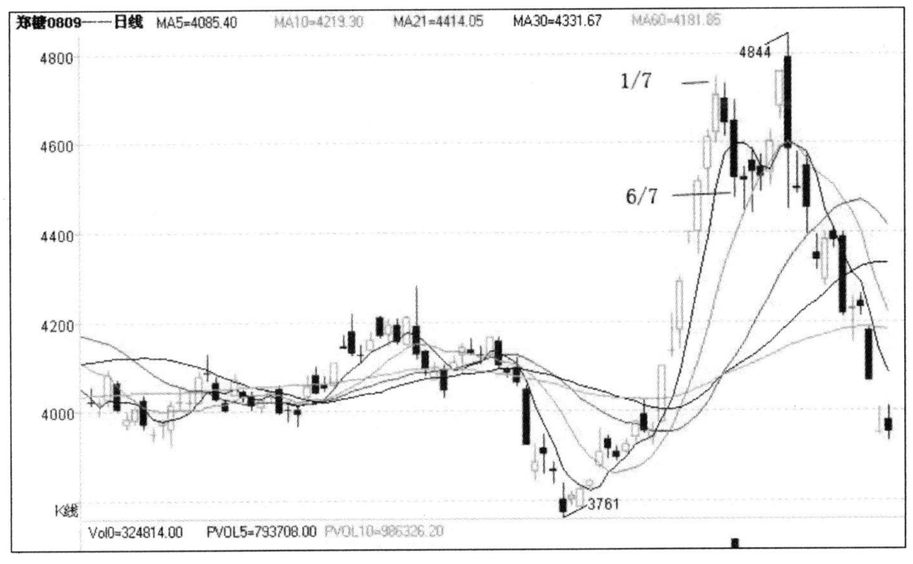

图 5－2

（2）当价格继续又上升5%时，再平仓2/7，如下跌5%，全部出局。

（3）当价格继续又上升5%时，再平仓4/7，如下降5%，全部出局。

（三）短线

（1）当价格上升到建仓价格（加权平均价）以上7%时，平仓1/7，回撤5%时，全部出局。

（2）如价格继续上升5%时，再平仓2/7，如下跌5%，全部出局。

（3）当价格继续又上升5%时，再平仓4/7，若达不到5%，亦全部平仓出局。

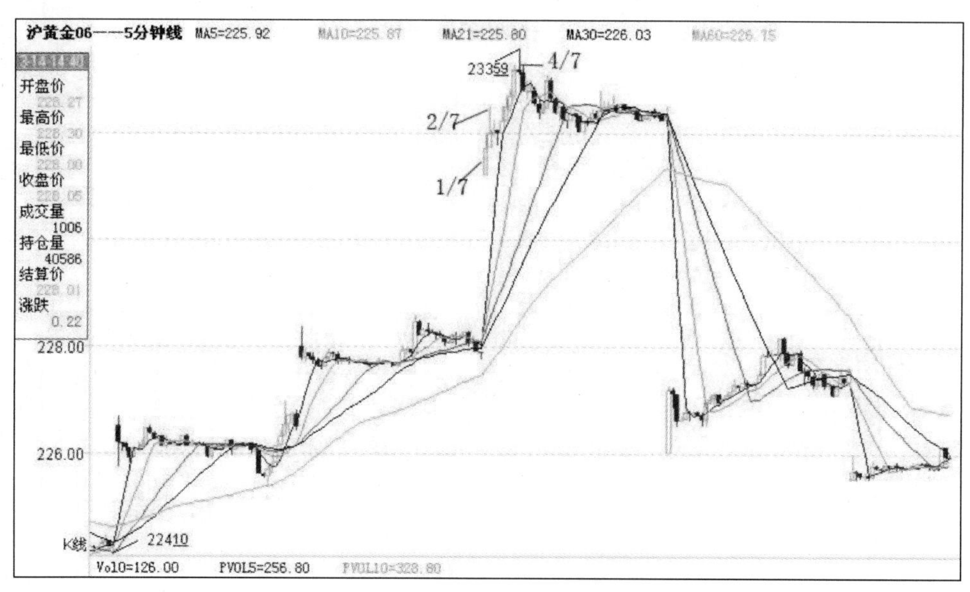

图5-3

图5-4为平安银行日线，图中标示为短线平仓过程。

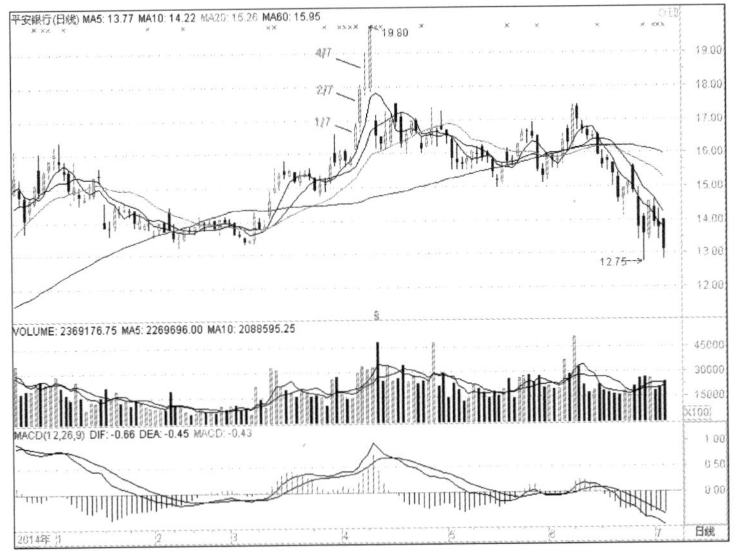

图 5－4

二、追击型平仓系统

与追击型建仓系统的理论类似情况下可采取追击型平仓系统。第一次平仓 4/7，第二次平仓 2/7，第三次平仓 1/7。

（一）长线

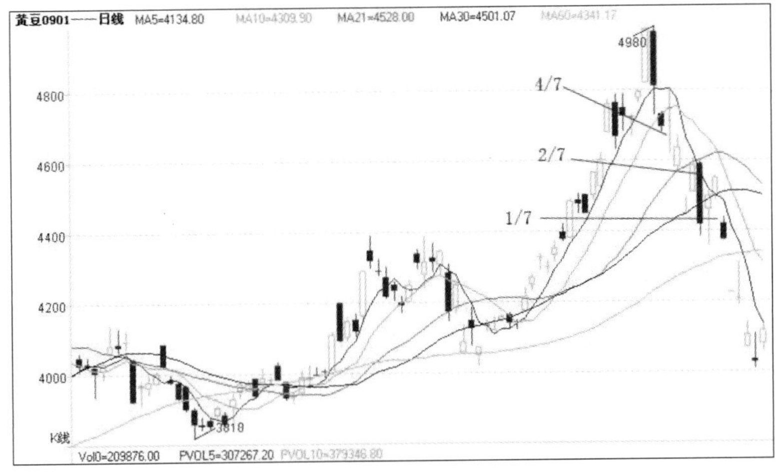

图 5－5

（二）中线

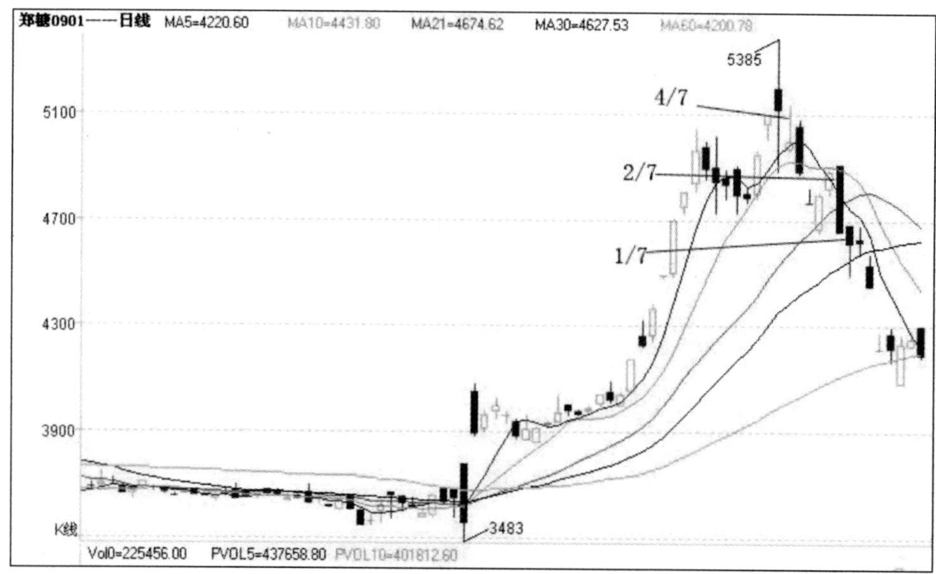

图 5-6

（三）短线

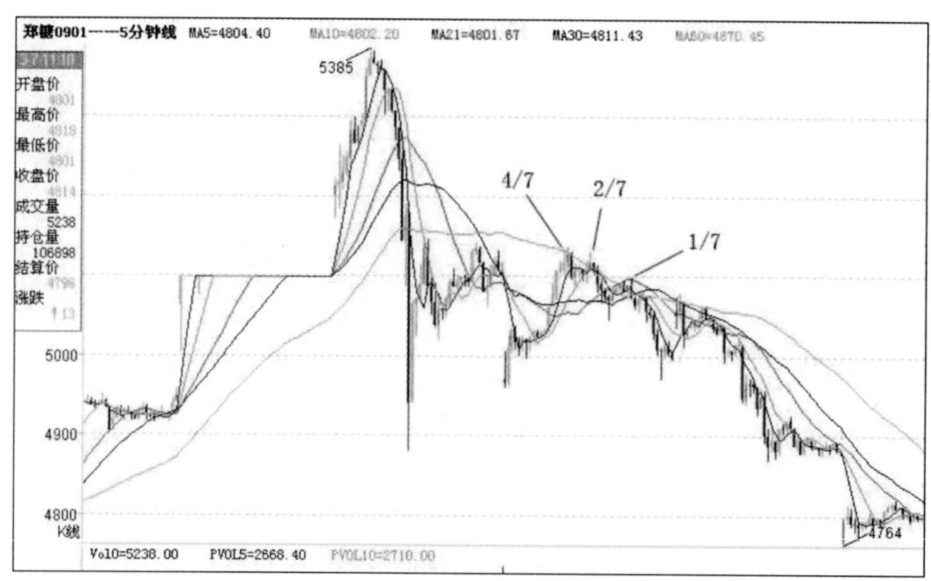

图 5-7

图5－8为平安银行日线，图中标示为追击型平仓过程。

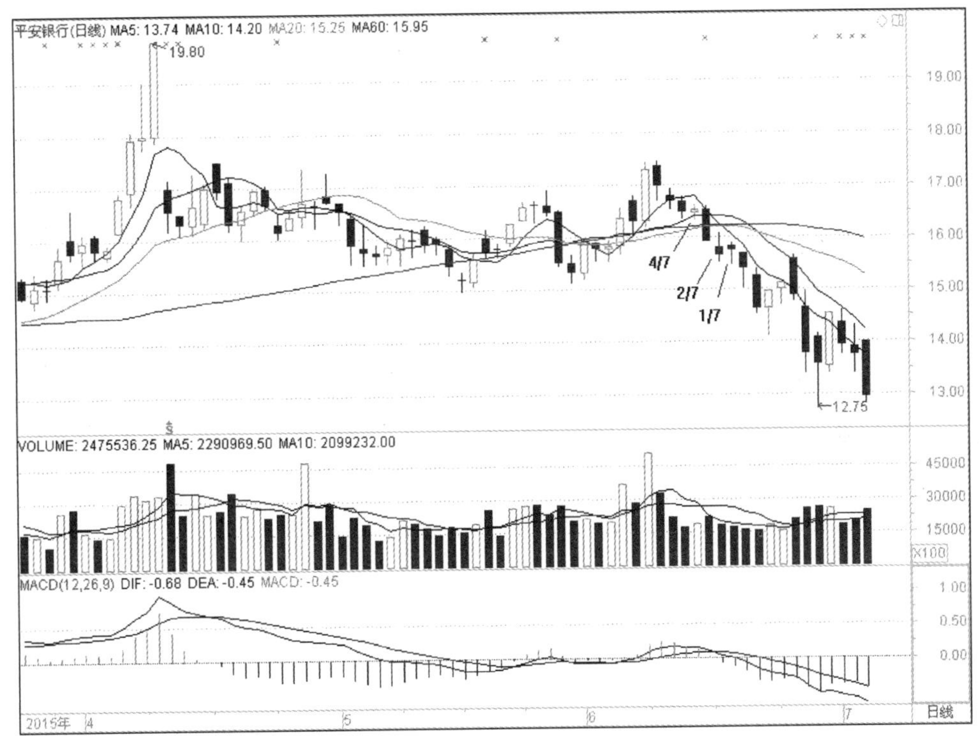

图5－8

第二节　空方市场平仓系统

本节所述系统与上节原理相同，操作方向相反。在可以双向交易的市场，当建立空头头寸之后，可以采取此平仓系统。主要适用于金融期货，如股指期货、国债期货、外汇期货等；商品期货，如白糖、铜、铝等。股票市场的融券仓位平仓可参考此系统执行。白色指示代表摊平平仓，黄色指示代表追击型平仓。

一、长线

在已经建立了空头头寸的情况下，随着行情的下跌，可依次平仓。

图 5-9 为长江证券日线长线融券平仓示意图。在已经融券卖出的情况下，依照图中标示进行摊平式或追击式平仓。

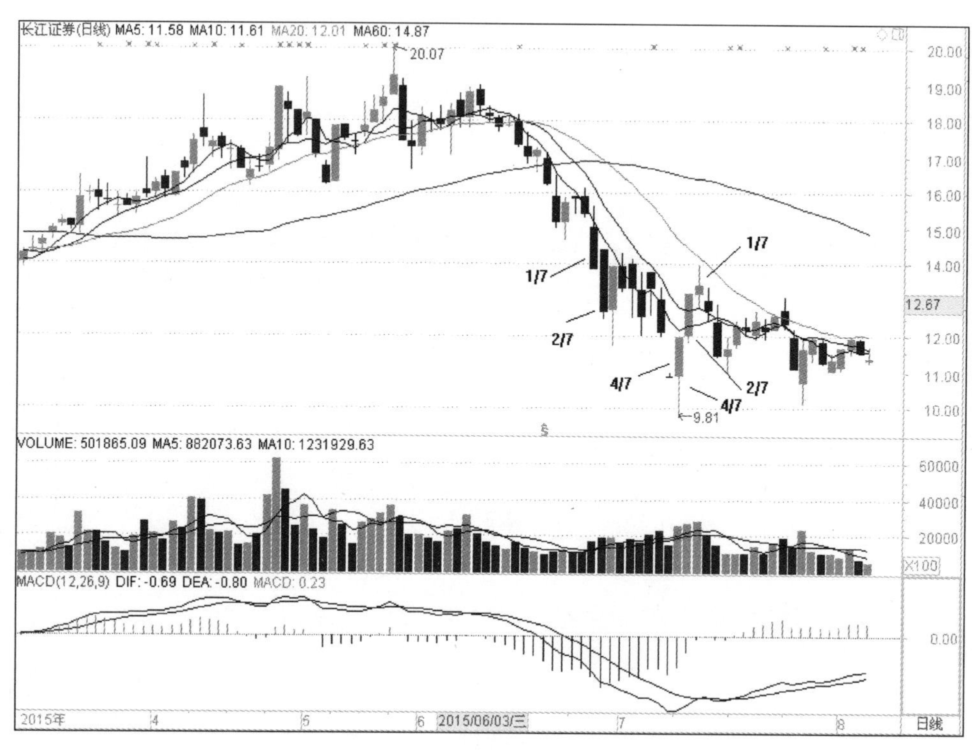

图 5-9

二、中线

图 5-10 为长江证券日线中线融券平仓示意图。在已经融券卖出的情况下，依照图中标示进行摊平式或追击式平仓。

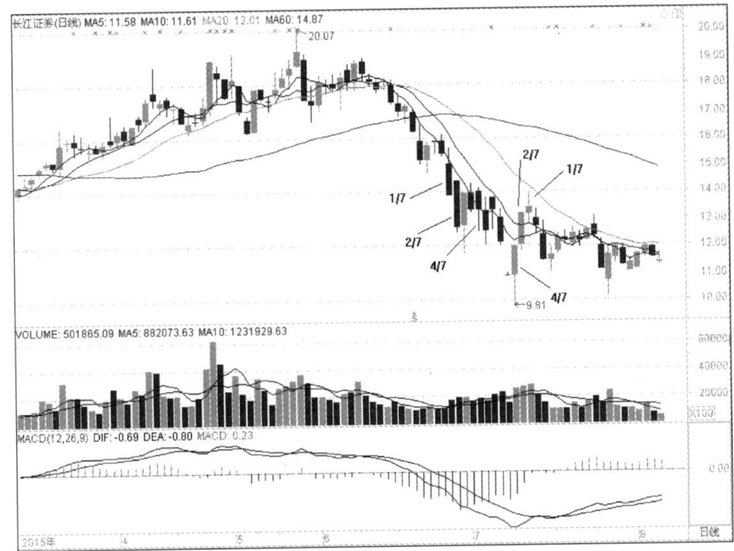

图 5－10

三、短线

图 5－11 为长江证券日线短线融券平仓示意图。在已经融券卖出的情况下，依照图中标示进行摊平式或追击式平仓。

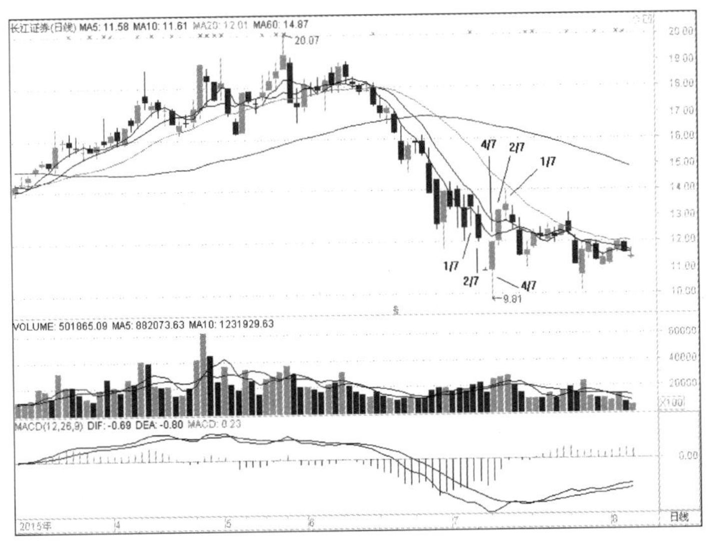

图 5－11

第三节　牛皮市平仓系统

可参照多头和空头平仓系统，但需要特别注意的是，在突破箱型之前，一定要坚持高抛低吸，注意前高点的压制和前低位的支撑，除非有效突破和回抽确认，否则均不能作为单边市来处理，否则会被市场来去揩油，左右开弓打耳光，后果十分严重。

扫描二维码免费观看肖兆权老师视频讲解

第六章　延伸与压缩（蛙式交易）

第一节　延伸

延伸理论：在多头行情中如果多头行情存在的基本面、技术面、消息面都没有发生根本性变化，所建立头寸将以持仓为主，在平仓过程中应启用延伸系统。也就是说，第二次与第三次的平仓间隔从空间和时间加以延伸。在空头行情中类似。

一、多头延伸系统

延伸系统也有单杠式和哑铃式之分，以下就以哑铃式为例来说明。

例：沪深 300 指数延伸平仓，如图 6－1 所示。

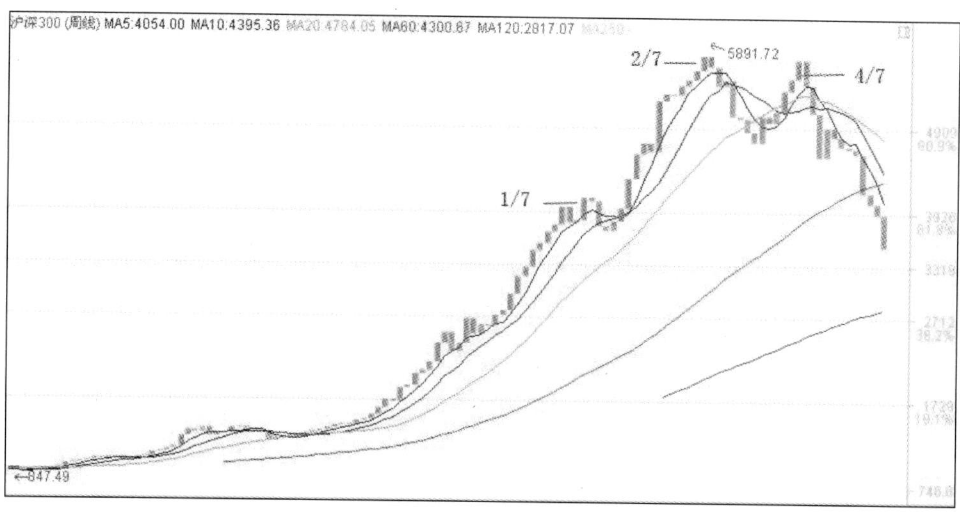

图 6－1

图 6－2 为海虹控股日线。

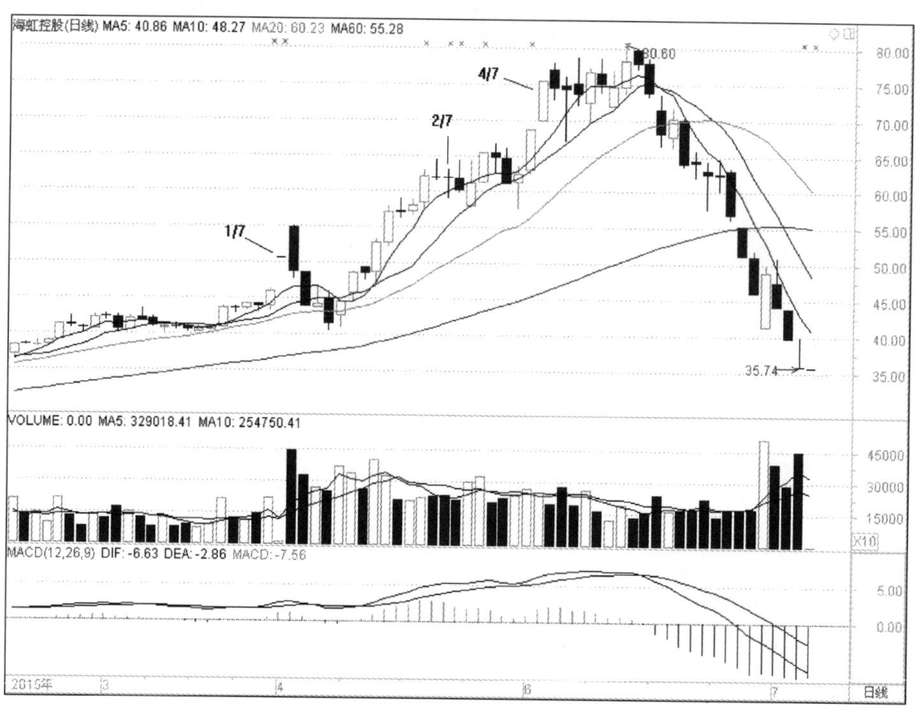

图 6－2

沪深300指数追击型建仓，如图6-3所示。

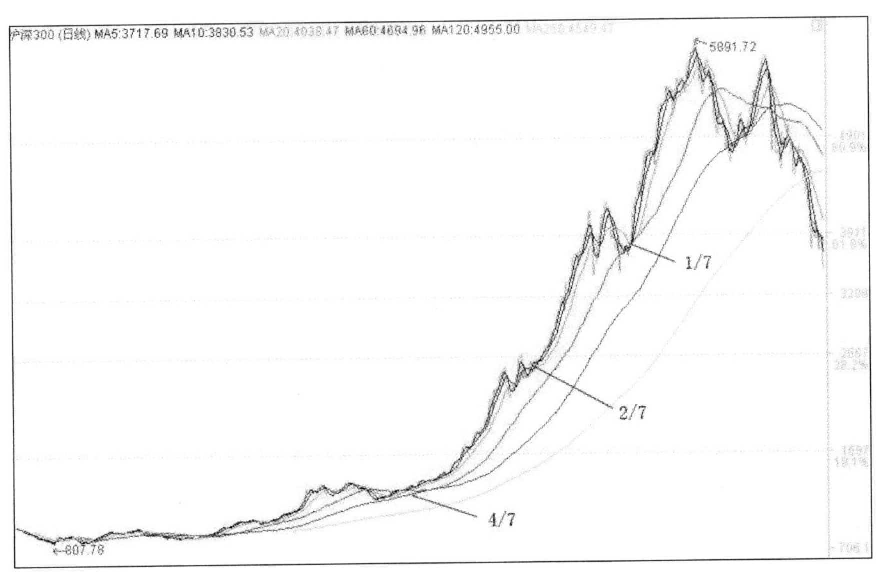

图6-3

图6-4为云南白药日线。

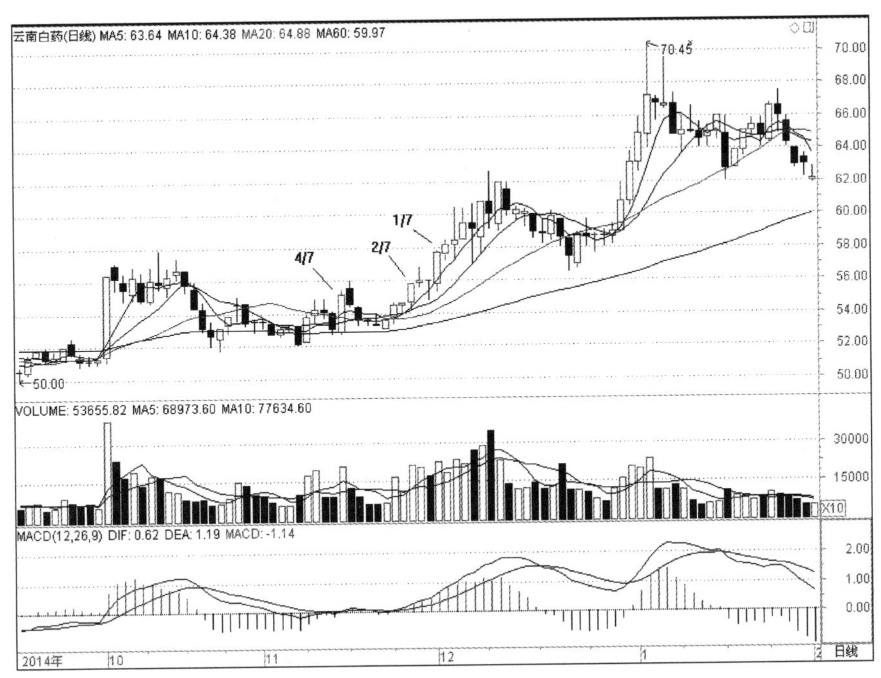

图6-4

上证摊平型建仓，如图6-5所示。

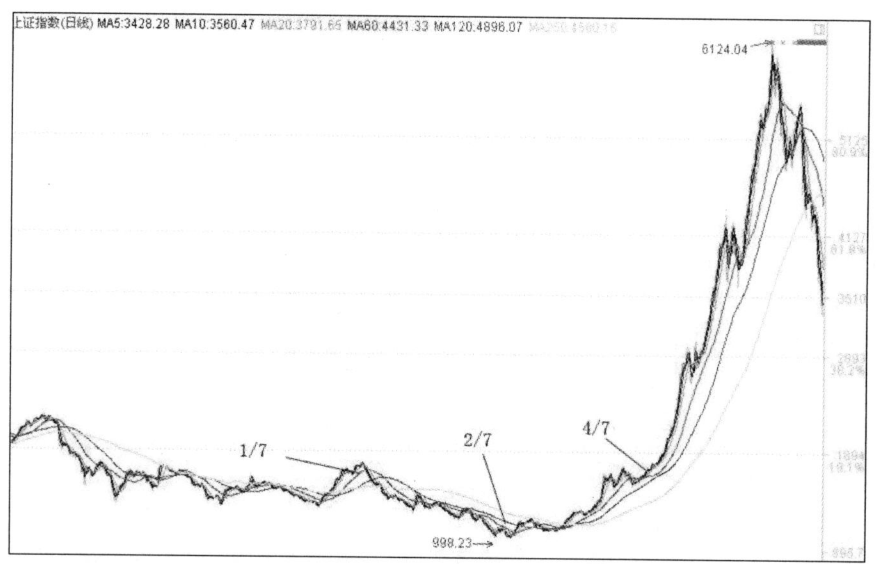

图6-5

图6-6为粤电力A日线。

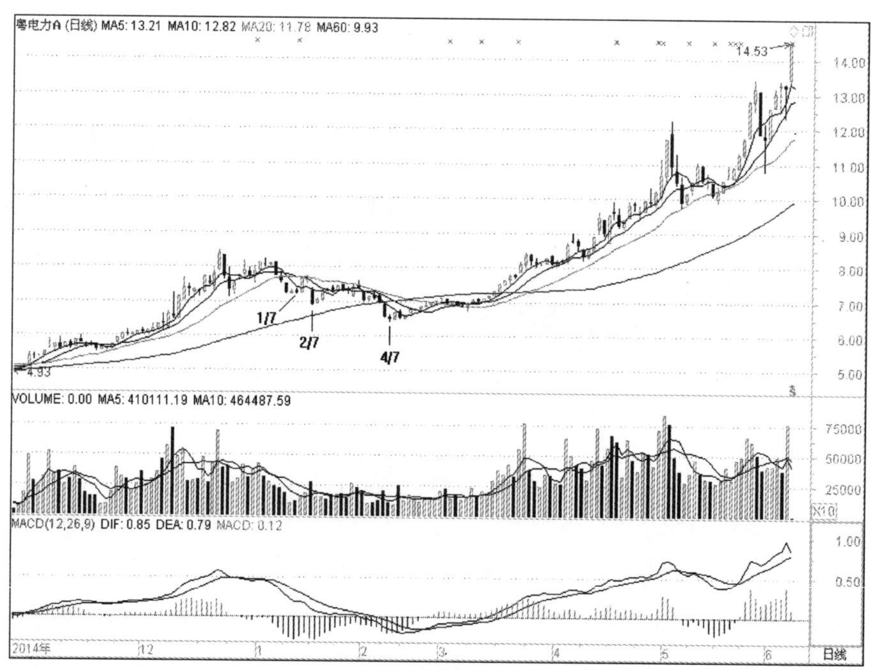

图6-6

2009 年的商品行情如果能有效利用，操作效果会非常理想。如果一个投资者对铜看涨，他可能会在高位 40000 点附近买入，但实际操作不应该是这样。延伸系统讲的是在建仓过程中或者是出货过程中有一个逐步的时间跨度和价位上的距离。

延伸系统主要是基于一个周期性的考虑，如果考虑一个大的运行周期，就要从月图或者年图考虑周期，而有时候我们考虑一周或者几天的周期，建仓就要从一周或者几天的角度去延伸自己的建仓。

听起来或许有些枯燥和拗口，其实只要举一个例子大家就明白了。铜从 20000 点涨到 40000 点，很多朋友在建仓时也是做了多单的，但没能挣到多少钱，每次做多单都被洗出来。这是什么原因呢？就是因为没有掌握到建仓的技巧。从时间上讲，如果我们每周建一次仓就能有效回避中间的回调，7 天是一个很重要的周期，这样就从时间上对建仓进行了延伸。此外，还有空间上的延伸，比如我们从 40000 点开始建仓，下调到 38000 点，到 33000 点都从价格上进行延伸建仓，那么出现反弹后我们仍能获得不错的收益。这就是时间上的延伸和空间上的延伸。

各位投资者千万不要小看这种延伸的技巧，细节能够决定成败，如果没有延伸的技巧，我们的操作往往会显得机械，有时还会显得粗鲁，结果可能是天壤之别。

图 6－7 为沪铜 2008～2015 年日线。

二、空头延伸系统

空头延伸同样有哑铃式和单杠式两种，以下就以单杠式为例说明。

图 6－8 为沪深 300 期货日线空头延伸系统的建仓与平仓过程。

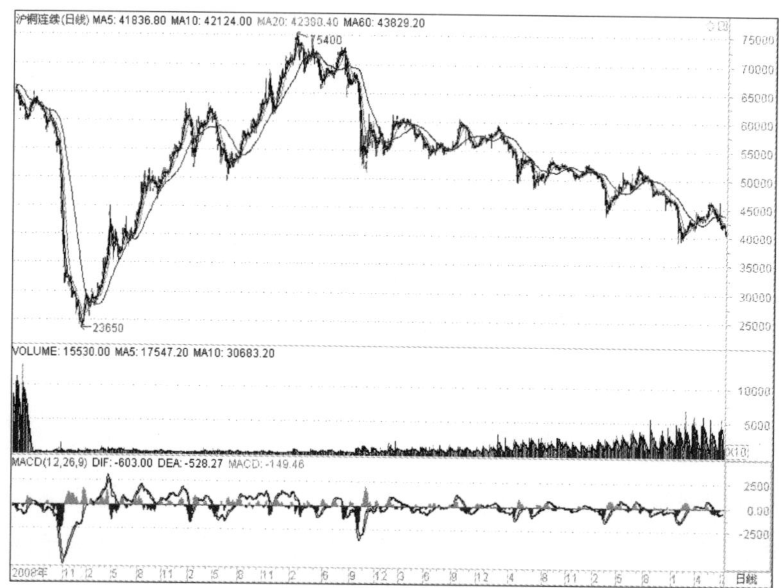
沪铜连续(日线) MA5: 41836.80 MA10: 42124.00 MA20: 42380.40 MA60: 43829.20
75400
23650
VOLUME: 15530.00 MA5: 17547.20 MA10: 30683.20
MACD(12,26,9) DIF: -603.00 DEA: -528.27 MACD: -149.46
2008年
日线

图 6 –7

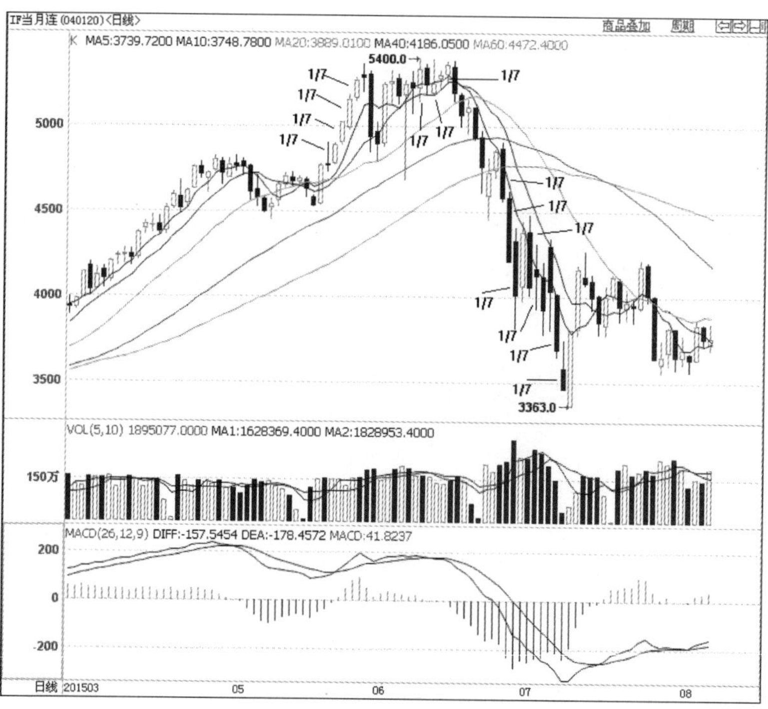
IF当月连(040120)<日线>
商品叠加
周期
K MA5:3739.7200 MA10:3748.7800 MA20:3889.0100 MA40:4186.0500 MA60:4472.4000
5400.0
3363.0
1/7
VOL(5,10) 1895077.0000 MA1:1628369.4000 MA2:1828953.4000
150万
MACD(26,12,9) DIFF:-157.5454 DEA:-178.4572 MACD:41.8237
日线 201503
05
06
07
08

图 6 –8

第二节　压缩（蛙式交易）

压缩理论：在长期底部盘整之后在重大消息的刺激之下爆发性向上突破，建仓的时间和空间大大压缩以免贻误战机。在空头行情中则依此反向类推。同样，如遇突发性消息，持仓与平仓的时间及空间也需要大大压缩。

在行情的运行过程之中，如果K线系统、均线系统、指标系统和盘口系统发生同向共振，则必须运用压缩系统，因为正常的建仓系统和平仓系统时间跨度太长，空间距离太大，有时候不容易掌控，而且单子在市场中停留的时间太长，风险也会增加。而压缩系统正是基于时间越短风险越小的压缩理论，把几个月的操作压缩为几天，把几天的操作压缩为一天，把一天的操作压缩为几分钟，甚至几秒钟。当时间和空间无法再压缩，刚好完成一次操作时，这就是蛙式交易了——短平快、稳准狠，一蹲二跳三落地，即蛙式剃刀："如无必要勿增解析，如无必要勿增时间，如无必要勿增空间"。

一、多头压缩系统

例：美黄豆连。市场传闻贝尔斯登、雷曼公司农产品头寸被强行平仓。

2008年10月的那次大跳水，大豆多头必须第一时间压缩平仓，否则盈利将迅速回吐，甚至盈利变亏损；另外，空头如果想建仓的话必须采取压缩建仓，在第一个或者第二、三个停板打开的时候迅速进行空头建仓，不需要再等，再等就没有机会。

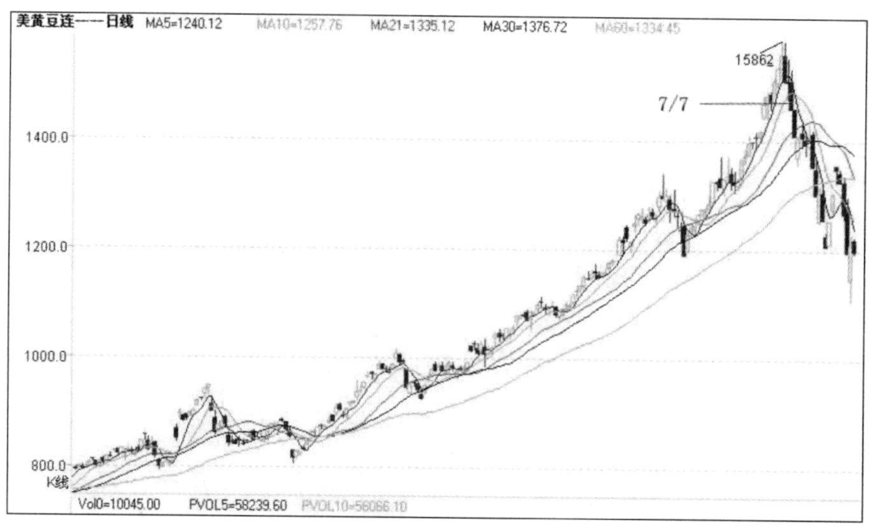
美黄豆连---日线 MA5=1240.12 MA10=1257.76 MA21=1335.12 MA30=1376.72 MA60=1334.45
15862
7/7
1400.0
1200.0
1000.0
800.0
K线
Vol0=10045.00 PVOL5=58239.60 PVOL10=56066.10

图 6－9

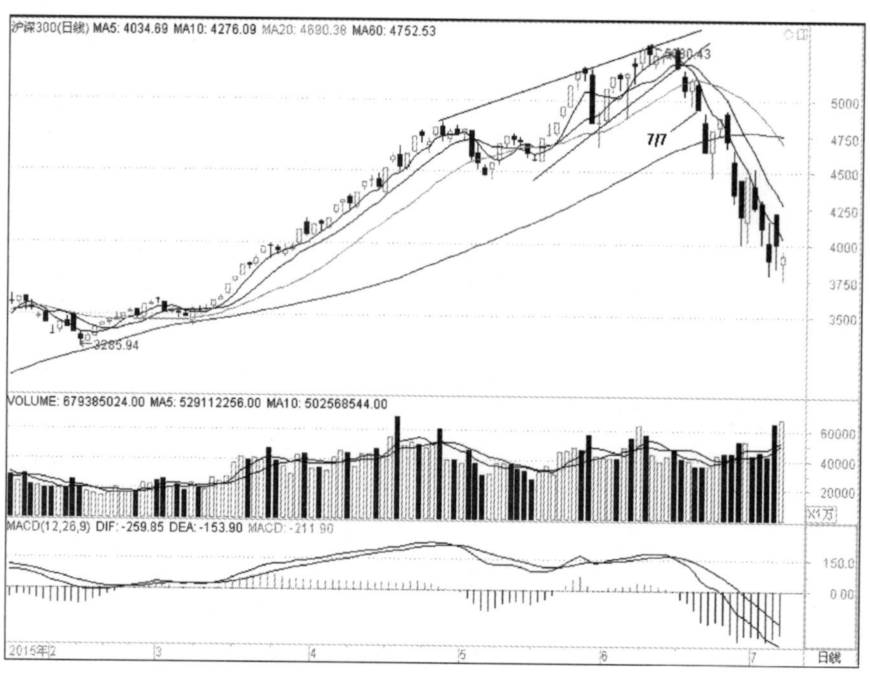
沪深300(日线) MA5: 4034.69 MA10: 4276.09 MA20: 4680.38 MA60: 4752.53
5380.43
7/7
3285.94
VOLUME: 679385024.00 MA5: 529112256.00 MA10: 502568544.00
MACD(12,26,9) DIF: -259.85 DEA: -153.90 MACD: -211.90
2015年2
日线

图 6－10

图6-10为沪深300指数日线。图中白线指示楔形突破失败，反抽确认失败有效，将会继续下跌，再加之国内修改两融管理办法以及股票市盈率极高等一系列利空，国际上还有希腊债务危机，因此多头必须压缩平仓，空头则可压缩建仓。

图6-11为从延伸到压缩的示意图。

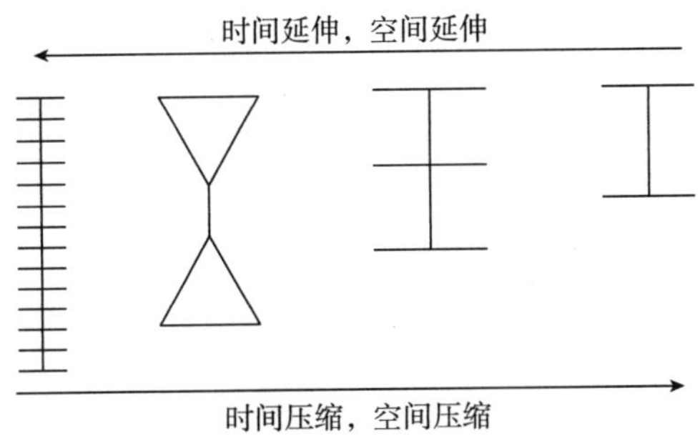

图6-11

图6-12为安硕信息日线。

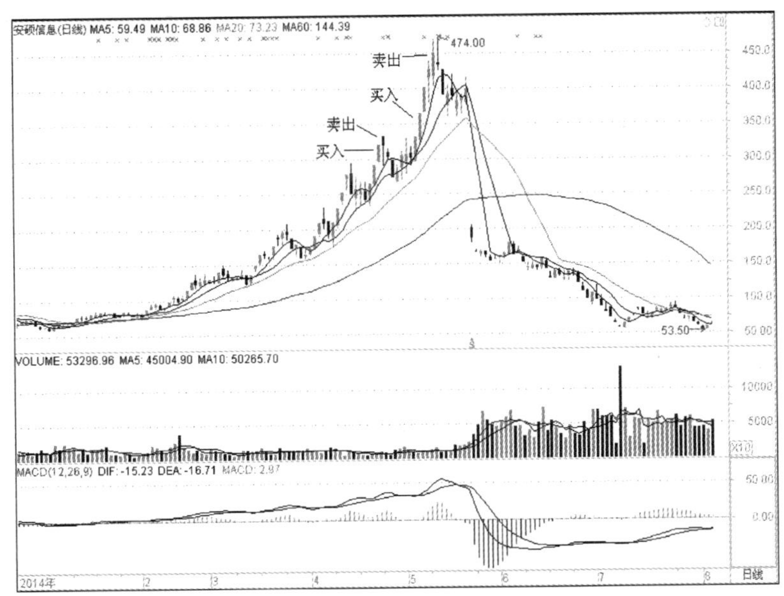

图6-12

4月22日，该股盘口巨量买单封住涨停，且成交量较少，说明抛压极轻，则23日高价抢进，压缩建仓。24日开盘冲高即全部卖出。5月6日，又出现同等条件，故第二日高价抢进压缩建仓，后又巨量拉涨停，而且成交量仍然很小，故可持仓一两个交易日，然后压缩平仓。由于前期涨幅较大，所以必须压缩建仓压缩平仓，时间压缩，空间压缩，不可恋战，不可延误，否则很容易偷鸡不成蚀把米。这其实也正是压缩系统的精髓所在——短平快稳准狠。

图6－13为三联虹普日线。

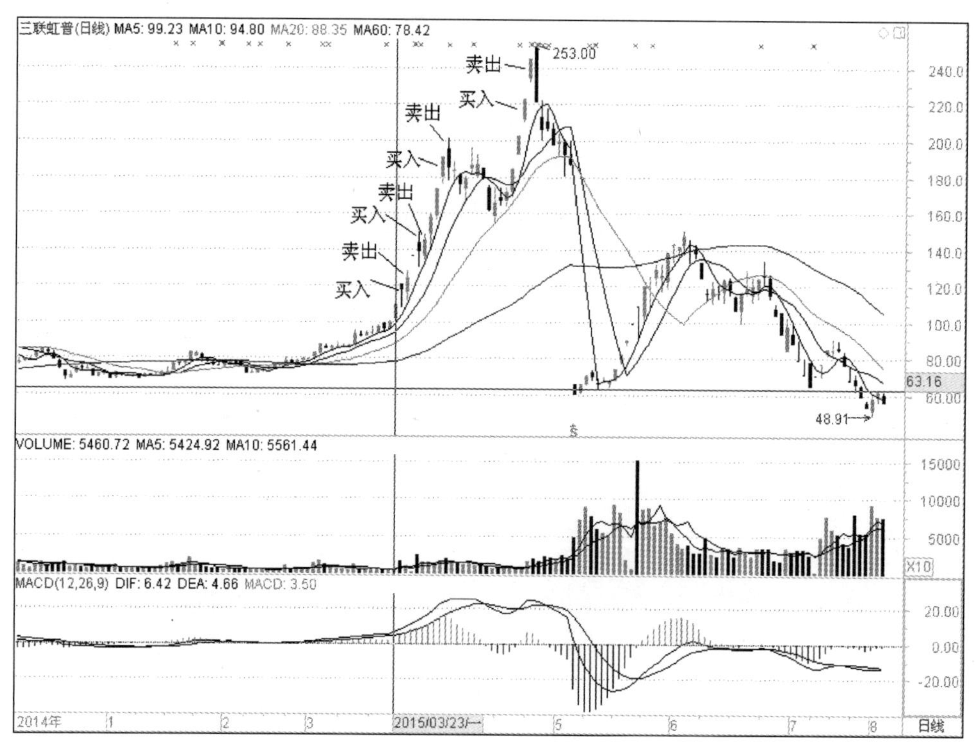

图6－13

3月23日，该股盘口巨量买单封住涨停，且成交量较少，说明抛压极轻，则24日高价抢进，压缩建仓。25日开盘冲高即全部卖出。后市又陆续出现数次

同等情况，故采取同样策略进行反复操作。

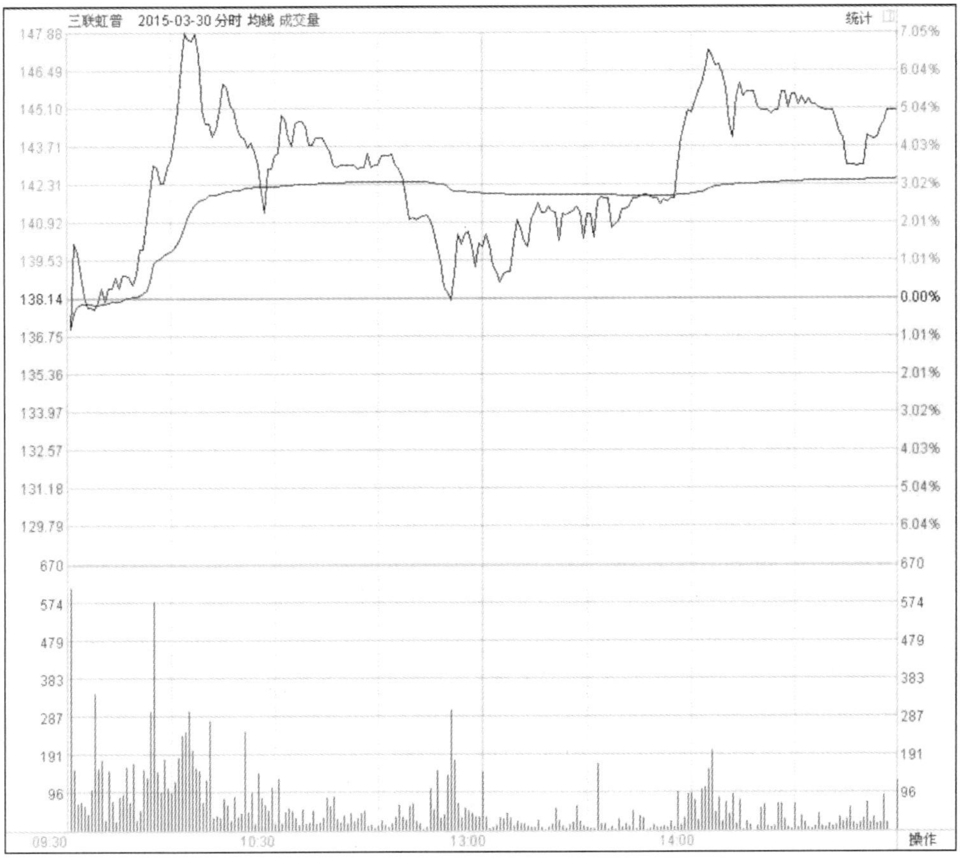

图 6－14

前一交易日已经建仓，可以利用已有的筹码进行 T＋0 交易。假设前一天已有 10000 股持仓，开盘低点买入 5000 股，冲高后抛出 5000 股，回调至开盘价附近则再买入 5000 股，下午拉升后再卖出 5000 股。收盘的时候手中还有 10000 股，这样的操作可以扩大利润、减少风险，是日内压缩交易的典型方式。为什么敢这么做呢？因为前一日建仓的依据就是该股在没有成交量的情况下巨量盘口封涨停，所以在停板价附近进行 T+0 交易，风险是完全看得见也完全可控的。只要控制好仓位，快进快出，不贪不恋，效果是非常好的。实际操作中，第二天可以全部抛出。

随后的几次日 K 线上的压缩交易，为了扩大利润，丰满交易内容，同样也可以使用上述这种自己跟自己做 T+0 的办法进行交易。如果以后股票市场完全改成 T+0 交易制度，那么压缩系统的实用性和使用范围将大大增加。

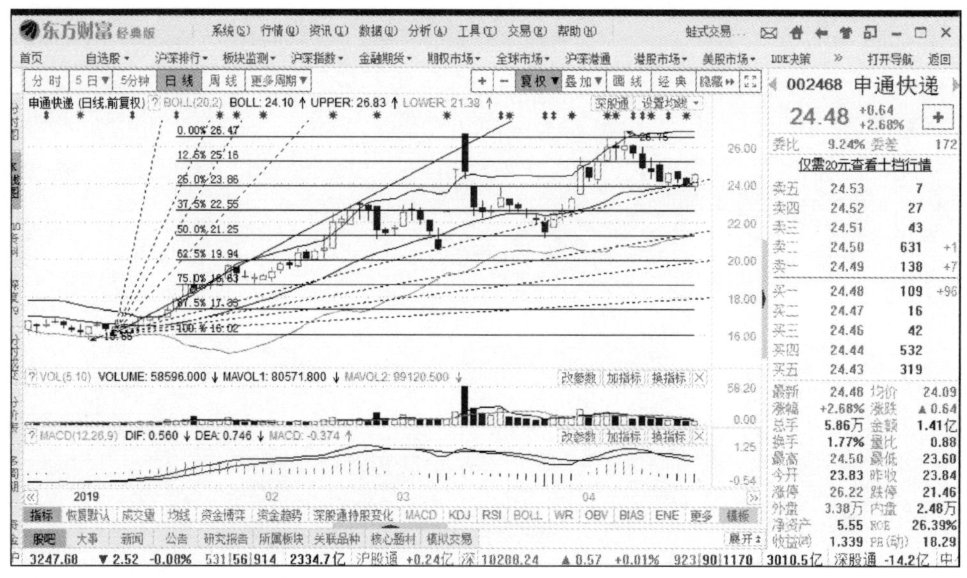

图 6-15

二、空头压缩系统

图 6-16 为沪深 300 期货日线空头压缩开仓平仓的过程。

图 6－16

图 6－17 为中信证券在空头市场中融券还券的压缩建仓平仓过程。

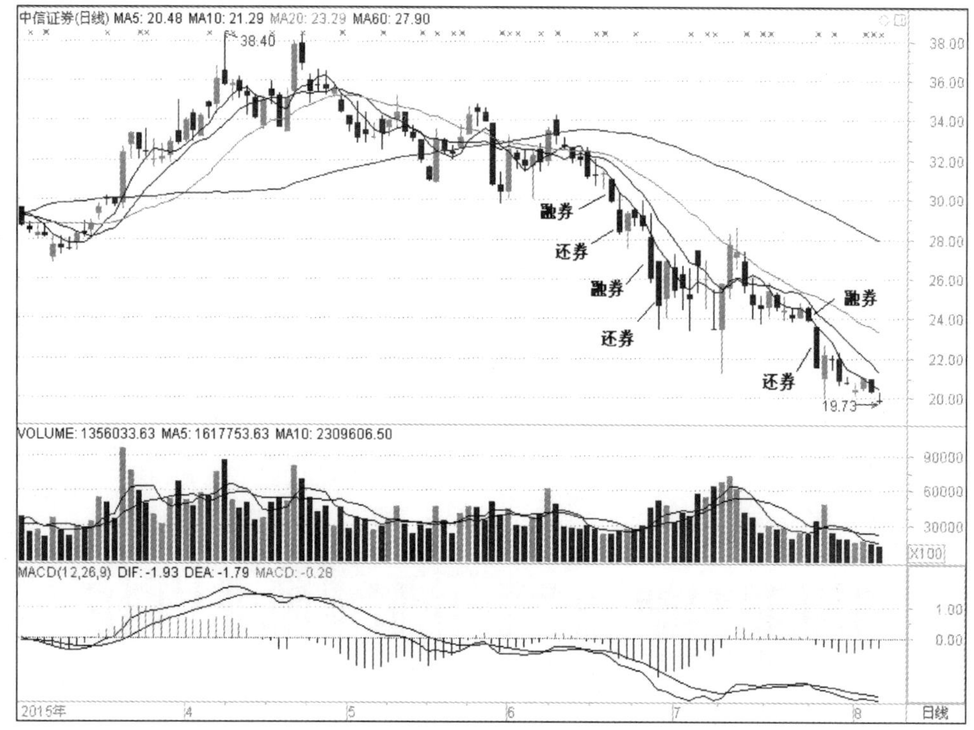

图 6 – 17

第三节　几种蛙跳法

一、倚墙跳

在盘口遇到顺势大单时，例如一千手或两千手以上，我们只管二跳和三落地，三步并作两步走。这样可以大大地降低风险。所以我们把这种方法又叫作“倚墙跳”。如果有几个顺势的千手排列（也就是厚墙），操作将更加有效，风险

将更加可控。特别是有五档行情的交易者能更好地对蛙式交易进行改进型操作，做到更短、更平、更快、更稳、更准、更狠。鉴于目前期货五档行情主要集中在大连商品交易所，因此投资者可以从该交易所的品种中寻求突破。

倚墙跳要注意的事项：

（1）跳跃时要注意顺势，如果趋势向下，指标成空头排列，则沽空下跳成功率较高；若趋势向上，指标成多头排列，则买入上跳成功率高；若是盘整行情，则高抛低吸的成功率高。具体点位把握还要参考各种指标，如 MACD、RSI、KDJ。

（2）一般说来，利用大单做掩护高抛低吸，在上午第一次冲击大单时比较有效，因为不管这种大单的真实意图是什么，第一次做同向跳跃成功率都比较高。到了第二、第三次冲击，有效性将递减，危险性递增，尤其到了下午收盘前，大单被冲破的危险性较高，就不适合再跳跃了。

（3）每一次蹲跳和落地只追求一个价位，切不可贪多。

（4）如果跳跃失败，或者没有达到预想的效果，那么在大单减半时止损。

（5）在 T+0 彻底实现之前，股票在做大单蹲跳时，原先必须要有底仓，否则无法进行 T+0 交易。

二、树梢跳

什么是树梢跳呢？如果一个品种的均线呈空头排列，即无交叉平行向下，对 K 线形成压制，而此时的 K 线组合又显示是空头市场，比如说下降通道、大圆顶、头肩顶等等，且指标系统又处于顶部死叉的位置，这种三合一的组合已经构成了做空时机。如果此时在分时图上机构或庄家突然将价格拉起，其就是逆势而为，就是失道寡助。此时的价格势必与日内均线乖离较大，就像挂在树梢上一样，应该大胆下跳。如果有盘口配合，上面有巨量压单，四大因素发生共振，那么这就是难得的树梢跳的机会。如果上面的单量符合倚墙跳的一些条件，那么此时的树梢跳就可以稳准狠一些，但务必要短平快，因为稍事调整之后再做上攻也不是不可能的，所以获利目标可以定在一两个点，最多三四个点。

三、塘底跳

如果一个品种的均线呈多头排列，即长期、中期和短期均线无交叉平行向上，对K线形成支撑，而此时的K线组合又显示是多头市场，比如说上升通道、大圆底、头肩底，等等，且指标系统又处于底部金叉的位置，此时做多契机已经形成。如果此时日内分时图上庄家或机构突然将价格打压下去，而盘口又出现了很多多单，那么塘底跳的时机就出现了。如果下面有一堵墙，也就是说盘口符合倚墙跳的特征，这时蹲跳的单量可以适当加大，目标点位可以适当放宽，但仍需要速战速决。

四、循声跳

我们都知道青蛙有一个特征，当远处的青蛙在叫的时候，它会做出回应，应声而叫或循声而去。这一特征对蛙式交易非常有启发。以倚墙跳为例，如果上方盘口出现一系列大空单，此时价格不见得就会立刻跳水；相反，离得比较远的较低的价格还有逐步向上攻击的欲望，以试探能否突破这堵墙。此时，可以适当小单量做些多单上跳，如果成功在墙前止盈，如不成功也应立即蹲跳离场。同理，如果下方盘口出现一系列大买单，则此时价格也不见得会立刻飙升，由于市场好奇心和引力的作用，往往会反复冲击大单，以试图突破，这时候就可以适当逢高沽空做些下跳，如果能突破这堵墙则更好，不能突破则立即墙前止盈，若往相反方向走应立刻蹲跳离场。

五、顺水跳

蛙式交易的原则是如无必要勿增时间，如无必要勿增空间，但在特定条件

下，可以适当放宽时间和空间，就像青蛙顺水一跳，往往会跳得既省劲又顺畅。

比如，均线系统、K线组合、指标系统、盘口系统都指向同一方向，而此时宏观背景又与技术分析互相映衬时，则可以采取顺水跳。这种跳跃往往投入少、收益大、速度快，四两拨千斤，这时盈利空间可以适当放大，平仓时间可以适当延迟。比如，2008年金融危机期间，铜铝锌等诸多金属品种都出现了顺水跳的契机，铝、锌等品种在一年多的时间内持续阴跌，四大决策系统高度共振，美国金融危机恶化了全球经济环境并持续发酵。此时若采取顺水蛙跳，则可以起到“两岸猿声啼不住，轻舟已过万重山”的效果。

六、开盘飞跳

很多品种在开盘的瞬间都会有大幅高开或低开的可能，这一可能在某些品种上表现得尤为明显，甚至于全天波动的90%以上的幅度都出现在开盘前5分钟。因此，抓住开盘机会显得如此不可或缺。但做开盘是一项技术活，因为它既能载舟，亦能覆舟，颇有点虎口拔牙的味道。此时最好的办法就是利用蛙式飞跳，即统计一下该品种的历史开盘波动率和近期波动率，然后在前收盘价的上方和下方挂飞单，称为上飞单和下飞单。为了使飞单准确有效，既能成交又不至于冒太大风险，可以结合1/7操作系统的建仓系统和资金管理办法，以及蛙式交易手段，以达到理想效果。飞跳的原则是宁可错过、不要做错，挂单不要离昨天的收盘价太近，有能力、有精力的投资者还要适当关注当时的基本面和当天的消息面。如果消息面有重大变化，则不适合用飞跳。

七、逃生跳

蛇口逃生是青蛙的本能，但由于很多青蛙并没有真正掌握这一技巧，因此出现了不少事故。尽管以前的各章节都已经对止盈止损、蹲跳离场有了不少交代，并不厌其烦地重复，但为了确保各位投资者的资金安全，此处不得不再次提醒，警钟长鸣。常言道，小心驶得万年船，谨慎方有千年跳。不管是上跳下跳，树梢跳、倚墙跳、循声跳、塘底跳还是顺水跳，总是会有脚下打滑的时候，被蛇暗算的当口，只有充分意识到危险的存在，洞察周围的杀机，才能蹲得稳、跳得快、吃得准、逃得干净。一旦出现不测，必须断臂求生，及时止盈止损，蹲跳离场，而不能优柔寡断，舍壮士断腕之举。这就是青蛙生存千万年不可或缺的必备技能。打得赢就打，打不赢就走。

八、沼泽跳

青蛙在沼泽地带的时候，既不在树顶，也不在塘底，这时它可以随遇而安地上蹿下跳了。如果一个品种处于横盘状态，不管是顶部横盘还是底部横盘，在没有突破之前，盘中日内可以进行上蹿下跳。上蹿下跳的短线均线、短期 K 线组合、短期指标系统都可以参照上述树梢跳和塘底跳的特征。在箱型顶部以树梢跳为主，箱型底部则以塘底跳为主。具体实际把握仍应以蛙式交易的盘口要求为准，以四大因素同方向共振为最佳。墙在上，则倚墙下跳；墙在下，则倚墙上跳。

扫描二维码免费观看肖兆权老师视频讲解

第七章　纠错系统

第一节　牛市纠错系统

一、根据 1/7 雷达纠错

股票等非杠杆类品种在多头仓位在 K 线跌破主支撑线之后应该纠错出局。如果跌破之后反抽无法越过原来的主支撑线，剩下的仓位应该全部清空。期货等杠杆类双向交易品种在首次建仓 4/7 多仓后行情下挫出现浮亏，此时不采取摊平继续建仓，应采取止损果断出局。

根据投资者的习惯，止损主要有技术止损和刚性止损两大类。技术止损是在牛市中跌破某一支撑位或者头部形成确认时进行止损；刚性止损是投资者自己设定的一个止损幅度。

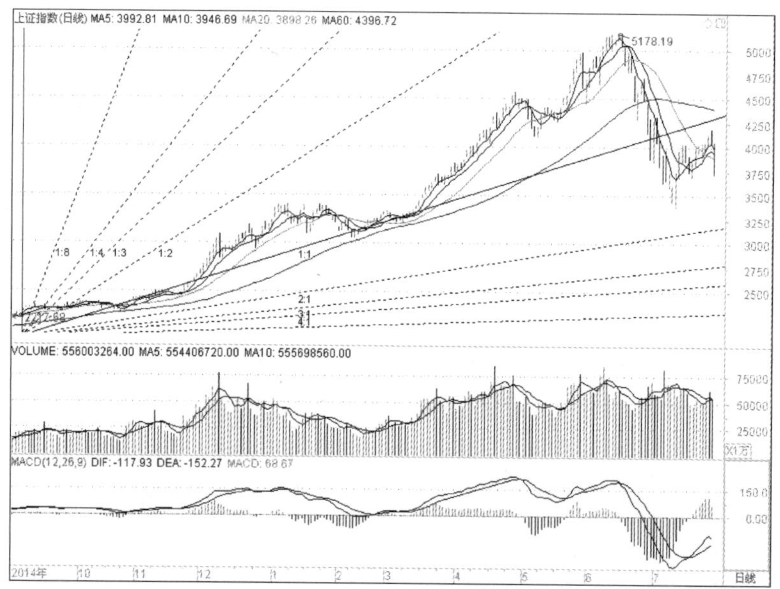

图 7－1

2015 年中，上证指数跌破 1/7 雷达的主支撑线，多单应该纠错出局，特别是反抽受阻，无法越过主支撑线，更应该清仓出局。

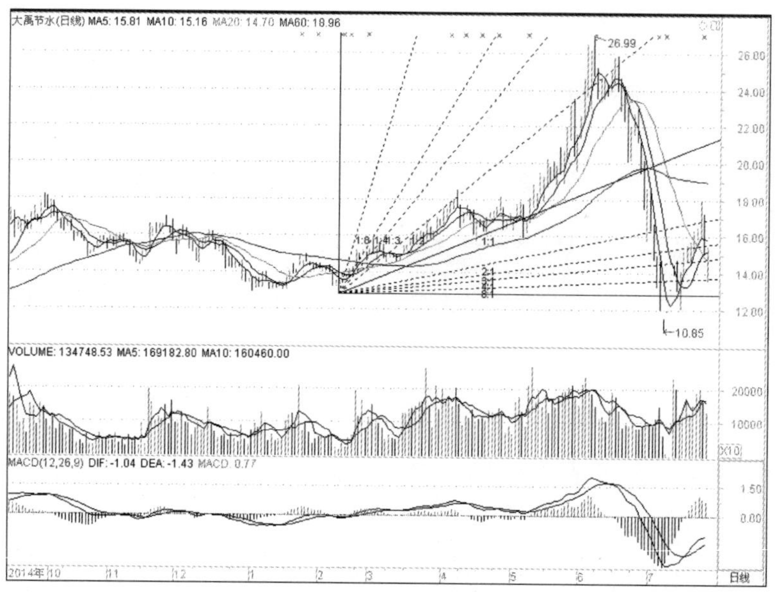

图 7－2

二、根据布林通道、宝塔线、KDJ 止损

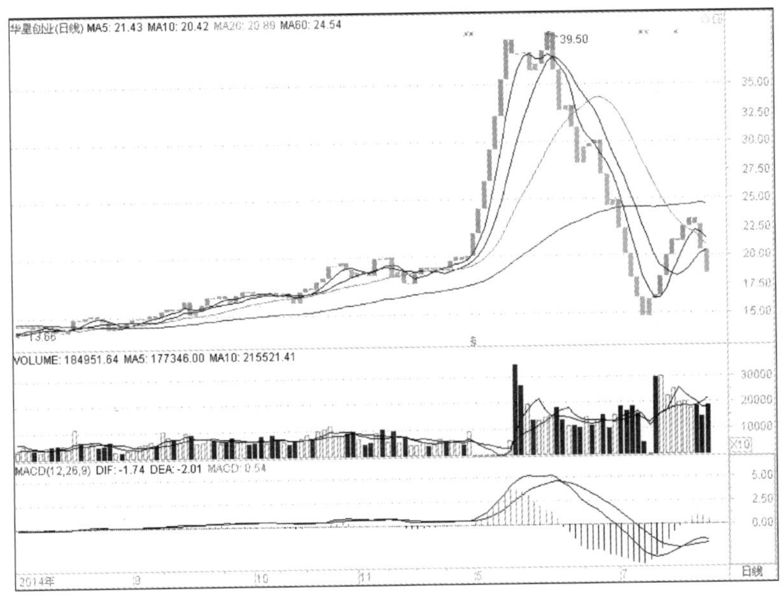

图 7－3

图 7－3 中，宝塔线形成双头，且右头形成红翻绿，MACD 形成死叉，应立即纠错出局。

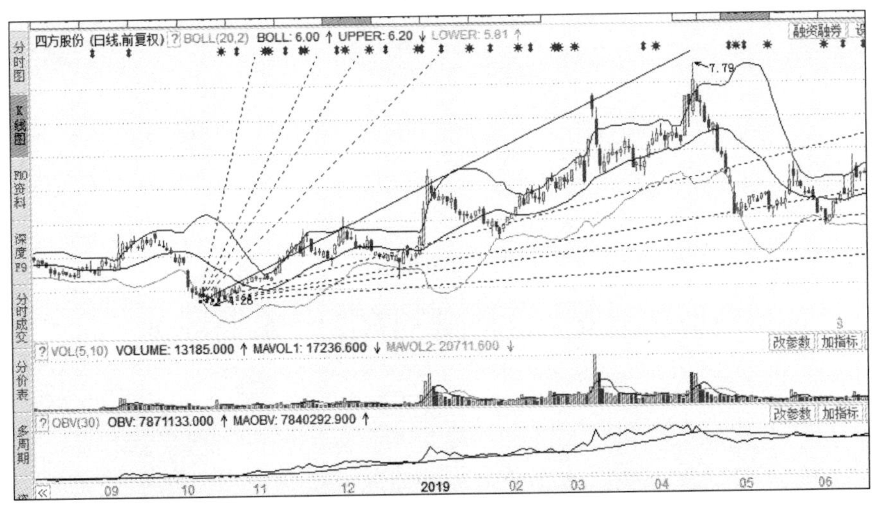

图 7－4

图7－4的四方股份，K线越过布林通道，且受到1/7雷达压力线的压制，需要进行纠错（即平仓或减仓）。图7－5的申通快递情况类似，经过纠错之后，价格向下运行了1～2周，又到了新的建仓价位。

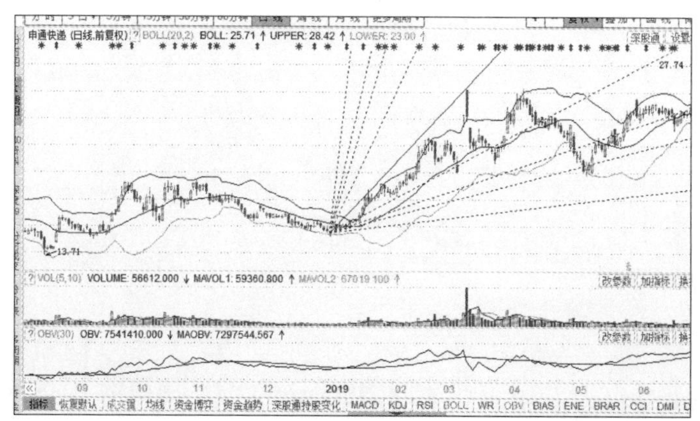

图7－5

三、根据K线纠错

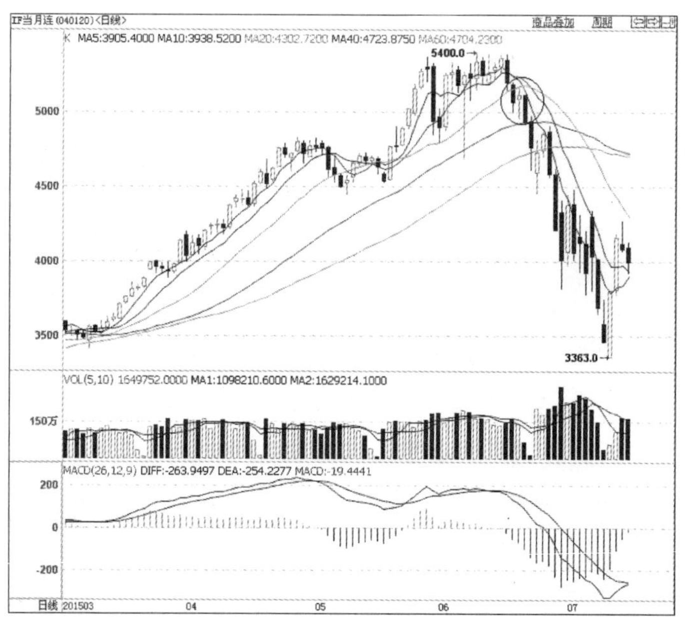

图7－6

图7－6为沪深300股指期货日线。此时均线系统和MACD同时出现死叉，上升三角形突破失败并达到止损幅度时就应及时止损。

股票若三次建仓后价格继续下滑至均价的7%（或自定的止损位）应止损出局。

图7－7为四川长虹日线。

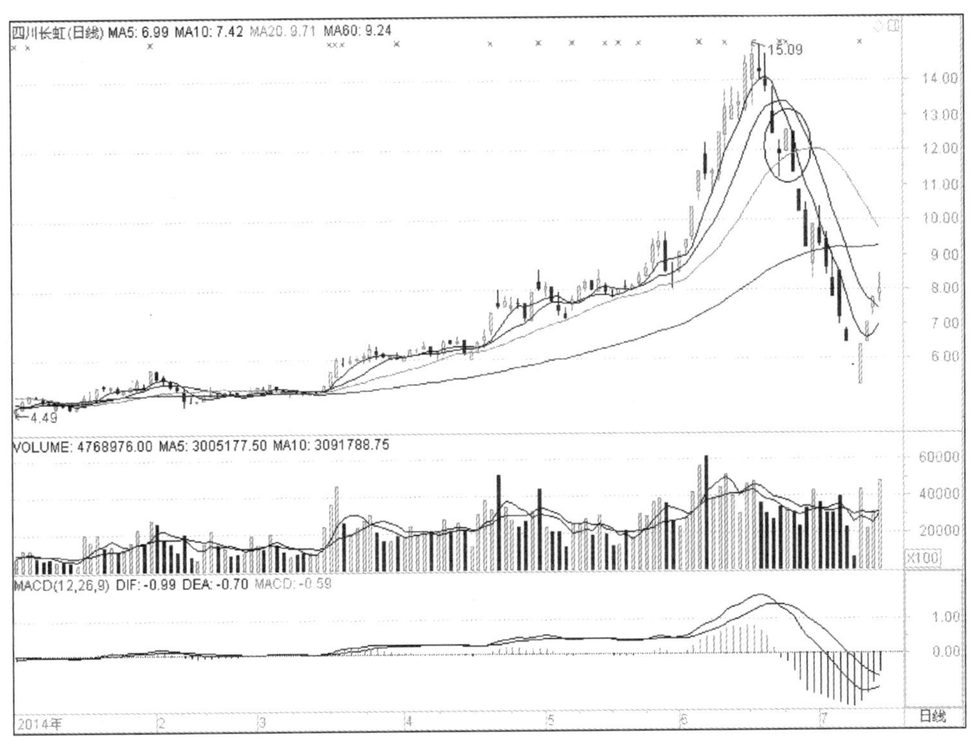

图7－7

图7－7中白色圈处应该止损出局，因为DIF下穿DEA，形成死叉，5日均线也同时穿越10日均线，此时务必进行技术止损。刚性止损若定在7%～10%附近也应该执行止损。

四、根据指标纠错

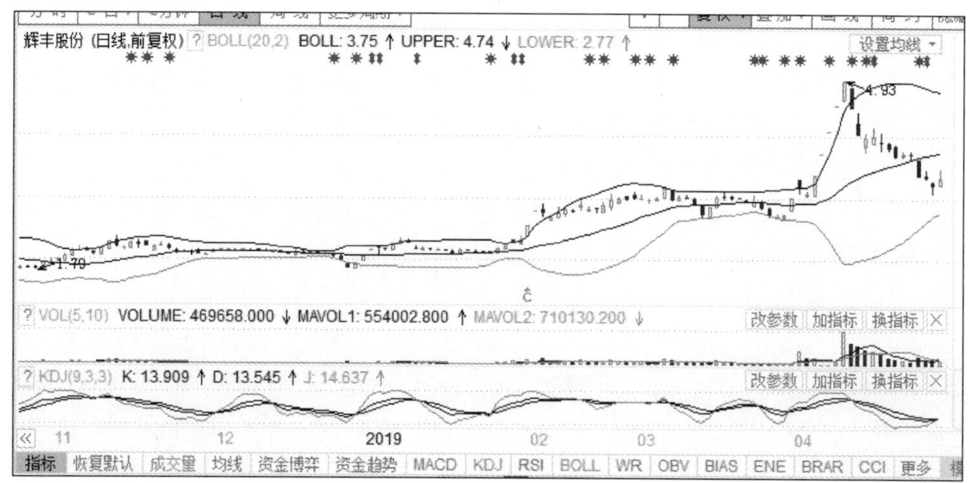

图 7-8

KDJ 高位死叉（图 7-8 右侧），且一根阴线击穿布林通道上轨，说明价格必定要回落到中轨甚至中轨以下，此时必须启动纠错系统进行止损或止盈。其他指标也可参照执行。

第二节　熊市纠错系统

期货等杠杆类双向交易品种在首次建仓 4/7 的空仓后行情上扬出现浮亏，此时不采取摊平继续建仓，而应采取止损果断出局。在融资融券出现之前，股票市场只能单向买入，现在有了融券之后，相当于可以双向交易了，其止损操作可参照执行。

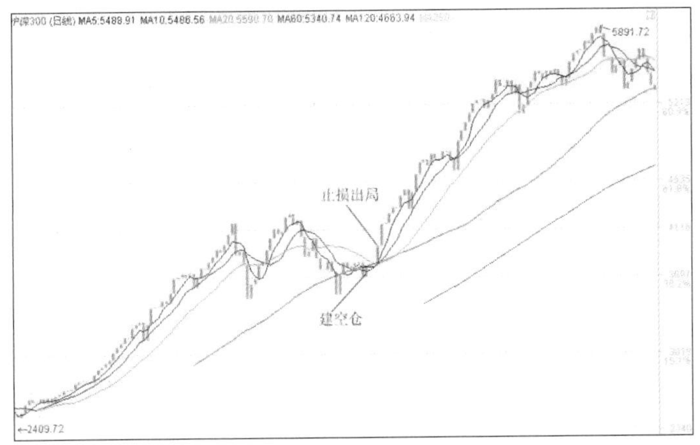

图7－9

图7－10为沪深300股指期货日线，图中白色圈处为空单止损处。技术上讲，此处若继续下跌，则是延续下跌趋势，空单可以持有；但突然强势上攻，则形成了多重底，空单必须迅速止损，否则将酿成大祸。刚性止损单也应该在达到这样的幅度后立即执行。

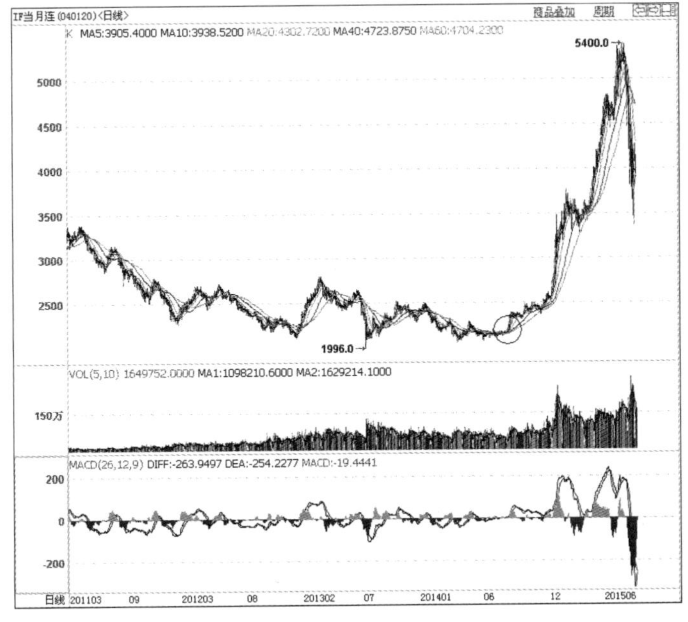

图7－10

图 7－11 为四川长虹日线。融券客户应在图中处及时止损，将融券额度减少甚至归零。

图 7－11

扫描二维码免费观看肖兆权老师视频讲解

第八章　1/7 与蛙式交易在融合视讯的实践

第一节　申通快递

庄股的特征是大盘或股价涨到顶的时候才放出好消息，诱使股民接盘，便于庄家出货；股价跌的时候就出坏消息，落井下石，利于庄家砸盘。而非庄股的良心股票，则是在大盘暴跌的时候出好消息，稳定股民的心态。申通快递就是这样一只良心股，因此蛙式交易选择它进行操作。

大盘是响尾蛇，庄家则是眼镜蛇，一不小心就咬你一口。而我们要做驯蛇人，审时度势，在适当的状态下使用适当的策略。在单边上扬时适当持仓，在出现蛙式交易环境的时候适当高抛低吸。所谓蛙式交易环境，指的是非常适合高抛低吸的时段。

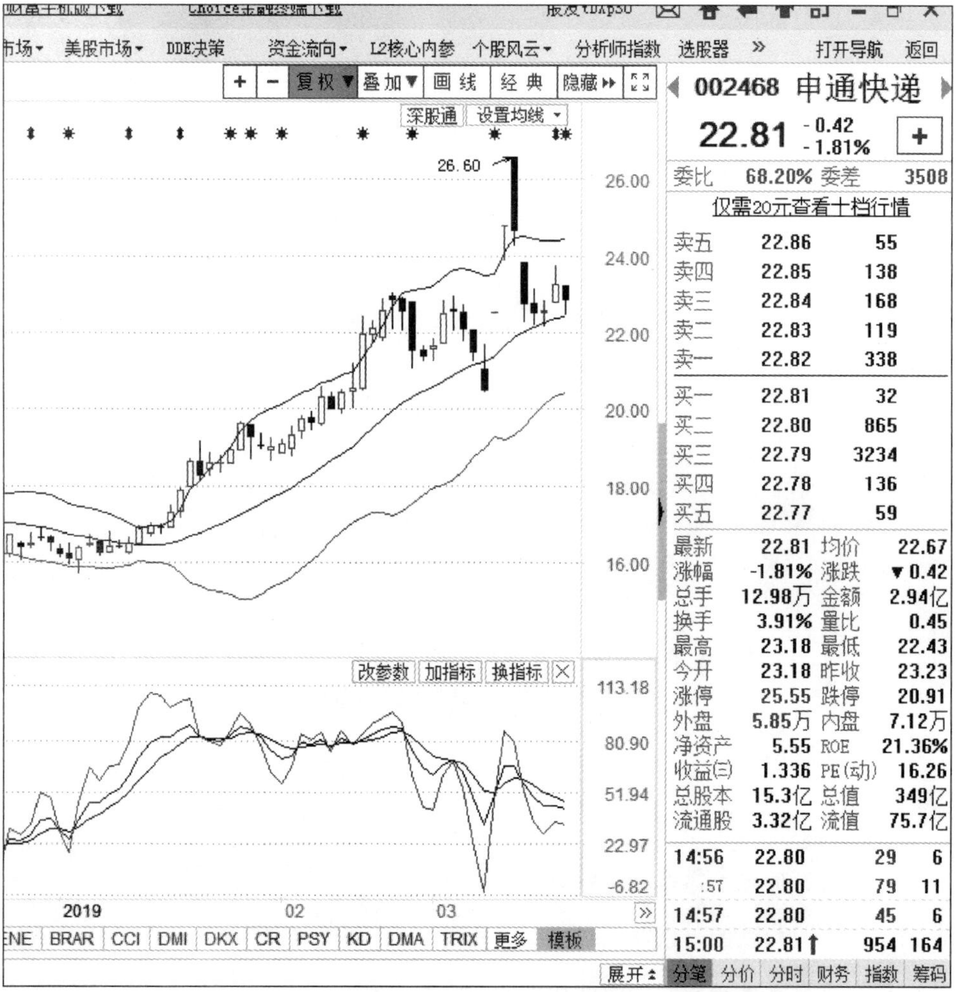

图 8－1

证券代码 ▲	证券名称	证券数量	库存数量	可卖数量	成本价	当前价	最新市值	浮动盈亏	盈亏比
002468	申通快递	8800	8800	8800	22.506	22.700	199760	1706	

图 8－2

在两个跌停板之后，塘底跳，抄底申通快递，当天盈利如图 8－1、图 8－2 所示。

第二天开盘飞跳卖出如图 8－3 所示。

股票 | 委托 | 成交 | 预备单 | 条件单 | 损盈单 | 历史资金明细

时间 ▲	证券代码	证券名称	买卖	成交价格	成交数量	成交金额	成交编
09:31:02	002468	申通快递	卖	22.98	1200	27576	9021
09:31:20	002468	申通快递	卖	23.03	1200	27636	9021
09:32:36	002468	申通快递	卖	22.92	1200	27504	9021
09:32:46	002468	申通快递	卖	22.89	1200	27468	9022
09:32:58	002468	申通快递	卖	22.87	1200	27444	9022
09:33:29	002468	申通快递	卖	22.81	1200	27372	9022
09:37:14	002468	申通快递	卖	22.60	400	9040	9022
09:37:57	002468	申通快递	卖	22.52	400	9008	9022
09:38:39	002468	申通快递	卖	22.51	400	9004	9022
09:39:18	002468	申通快递	卖	22.44	400	8976	9022

图 8－3

股价跳水后再抄底，成本下降如图 8－4。具体如图 8－5 所示。

股票 | 委托 | 成交 | 预备单 | 条件单 | 损盈单 | 历史资金明细

证券代码 ▲	证券名称	证券数量	库存数量	可卖数量	成本价	当前价	最新市值	浮动盈亏	盈亏
002468	申通快递	8800	8800	0	22.331	22.660	199408	1310	

图 8－4

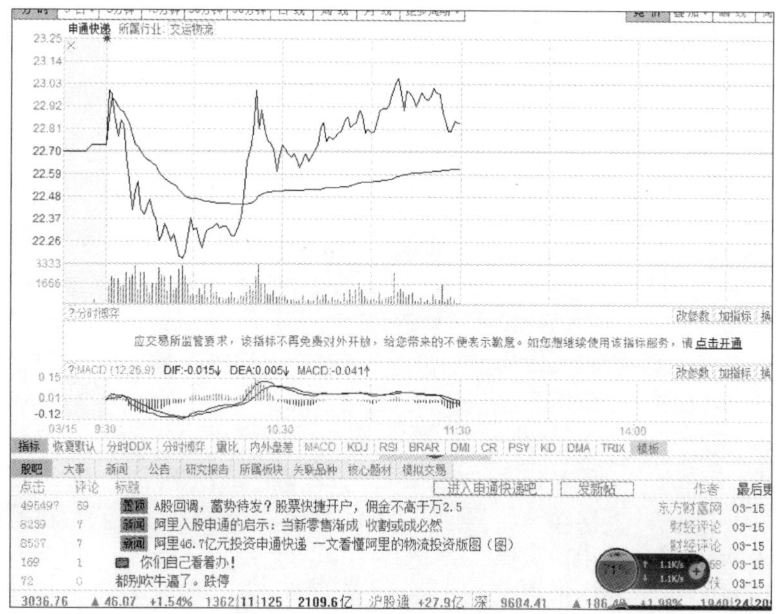

图 8－5

第三天开盘后再飞跳卖出分时图如图 8－6 所示，时间价格如图 8－7 所示。

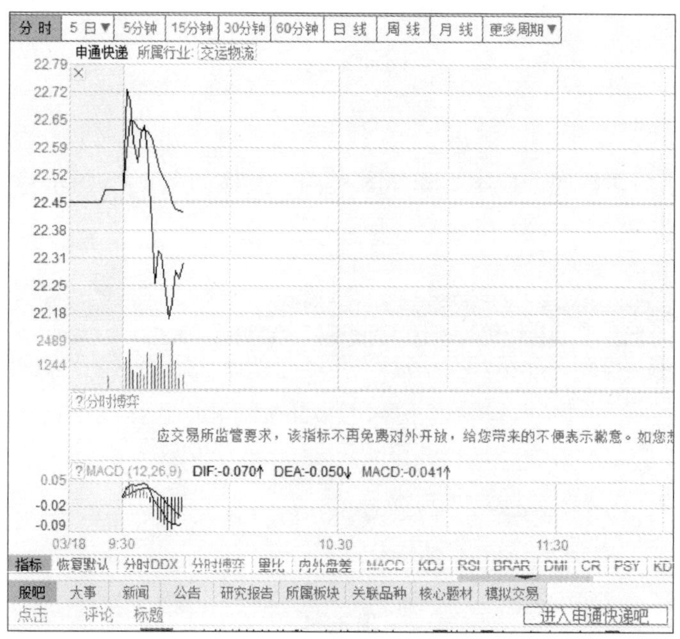

图 8－6

股票　委托　成交　预备单　条件单　损盈单　历史资金明细

时间 ▲	证券代码	证券名称	买卖	成交价格	成交数量	成交金额
09:30:11	002468	申通快递	卖	22.51	1200	27012
09:30:15	002468	申通快递	卖	22.58	1200	27096
09:30:18	002468	申通快递	卖	22.58	1200	27096
09:30:22	002468	申通快递	卖	22.59	1000	22590
09:30:27	002468	申通快递	卖	22.59	1000	22590
09:30:33	002468	申通快递	卖	22.51	1200	27012
09:30:45	002468	申通快递	卖	22.68	1200	27216
09:30:45	002468	申通快递	卖	22.68	200	4536
09:30:45	002468	申通快递	卖	22.68	200	4536
09:32:33	002468	申通快递	卖	22.68	200	4536

个性设置，点我看看

图 8 -7

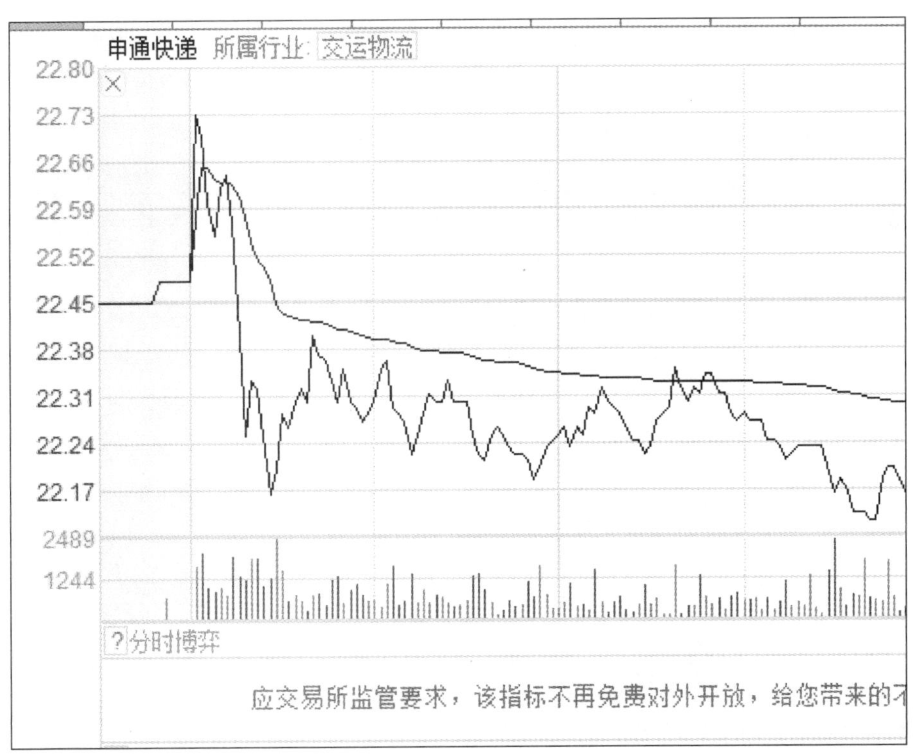

图 8 -8

时间 ▲	证券代码	证券名称	买卖	成交价格	成交数量
09:30:11	002468	申通快递	卖	22.51	1200
09:30:15	002468	申通快递	卖	22.58	1200
09:30:18	002468	申通快递	卖	22.58	1200
09:30:22	002468	申通快递	卖	22.59	1000
09:30:27	002468	申通快递	卖	22.59	1000
09:30:33	002468	申通快递	卖	22.51	1200
09:30:45	002468	申通快递	卖	22.68	200
09:30:45	002468	申通快递	卖	22.68	200
09:30:45	002468	申通快递	卖	22.68	1200
09:32:33	002468	申通快递	卖	22.68	200
13:41:11	002468	申通快递	买	22.27	200
13:41:38	002468	申通快递	买	22.26	200

图 8－9

这一阶段操作分时图分时图如图 8－10、图 8－11 所示。

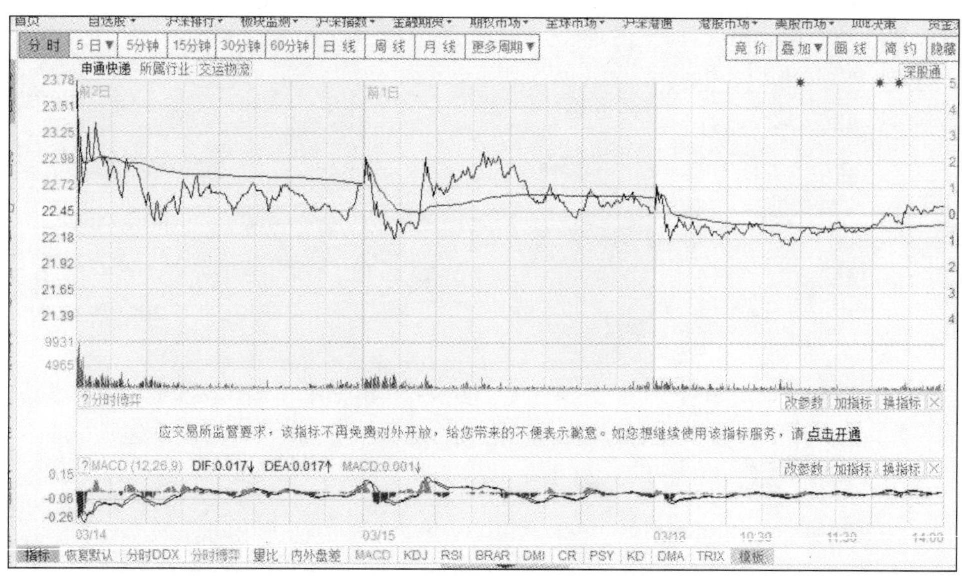

图 8－10

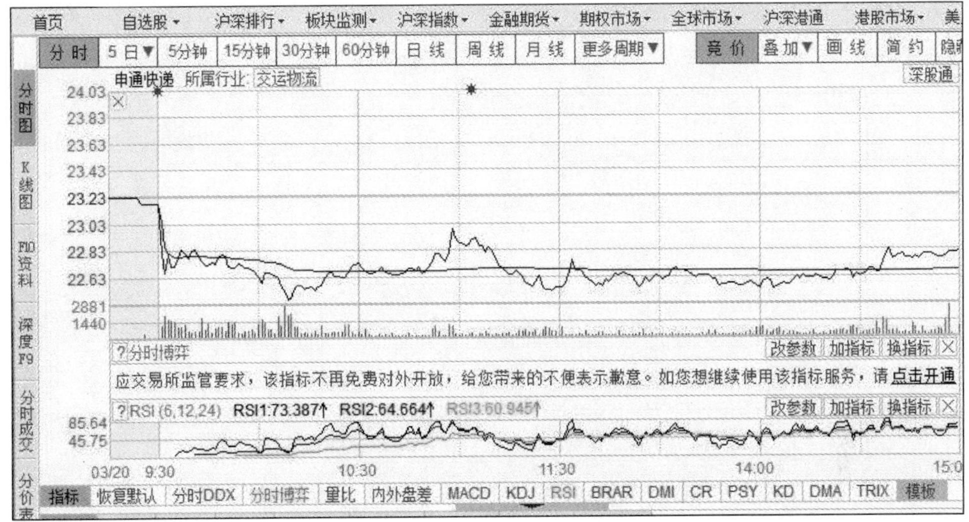

图 8－11

盘中再抄底如上，第二天再卖出。

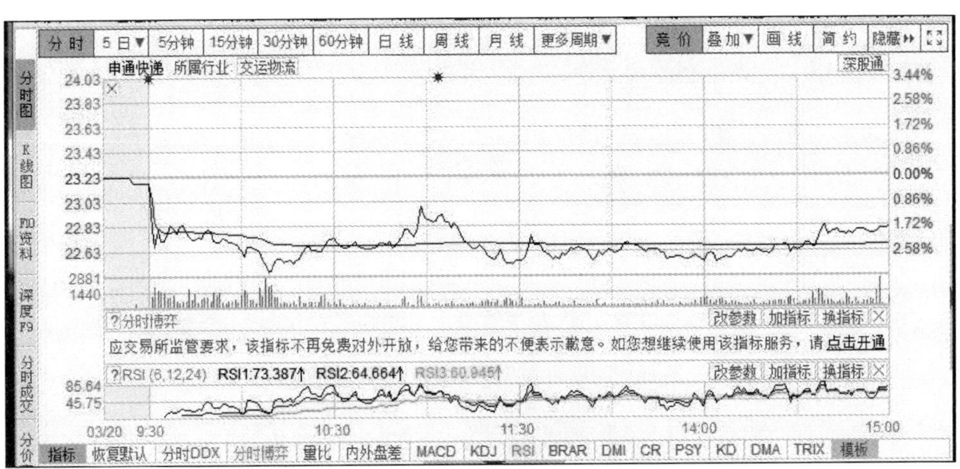

图 8－12

股票	委托	成交	预备单	条件单	损盈单	历史资金明细			
证券代码 ▲	证券名称	证券数量	库存数量	可卖数量	成本价	当前价	最新市值	浮动盈亏	盈亏比例(%)
002468	申通快递	8800	8800	8800	15.256	22.650	199320	64453.91	48.01

图 8－13

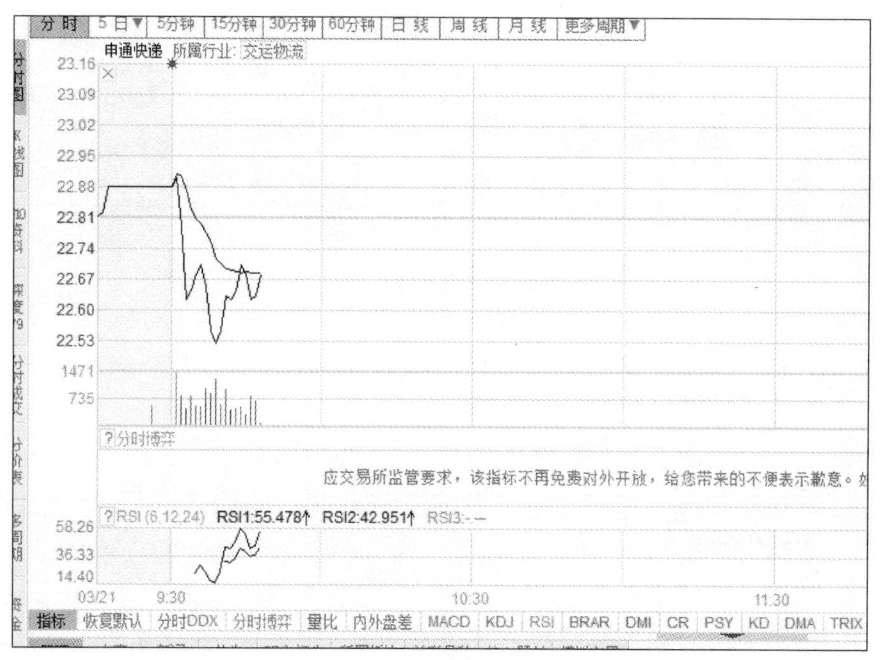

图 8－14

证券代码 ▲	证券名称	证券数量	库存数量	可卖数量	成本价	当前价	最新市值	浮动盈亏	盈亏比例(%)
002468	申通快递	8800	8800	8800	15.256	22.740	200112	66213.91	49.32

图 8－15

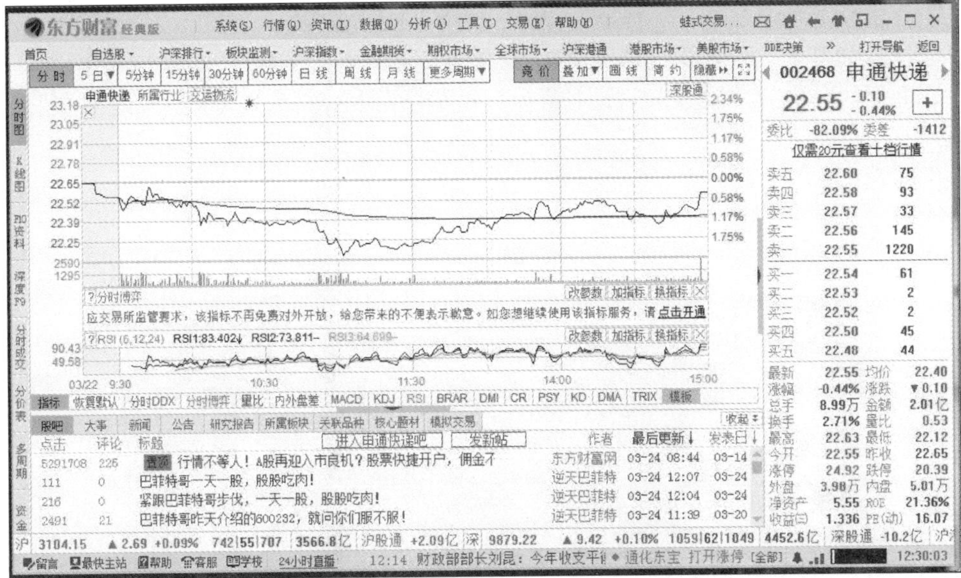

图 8-16

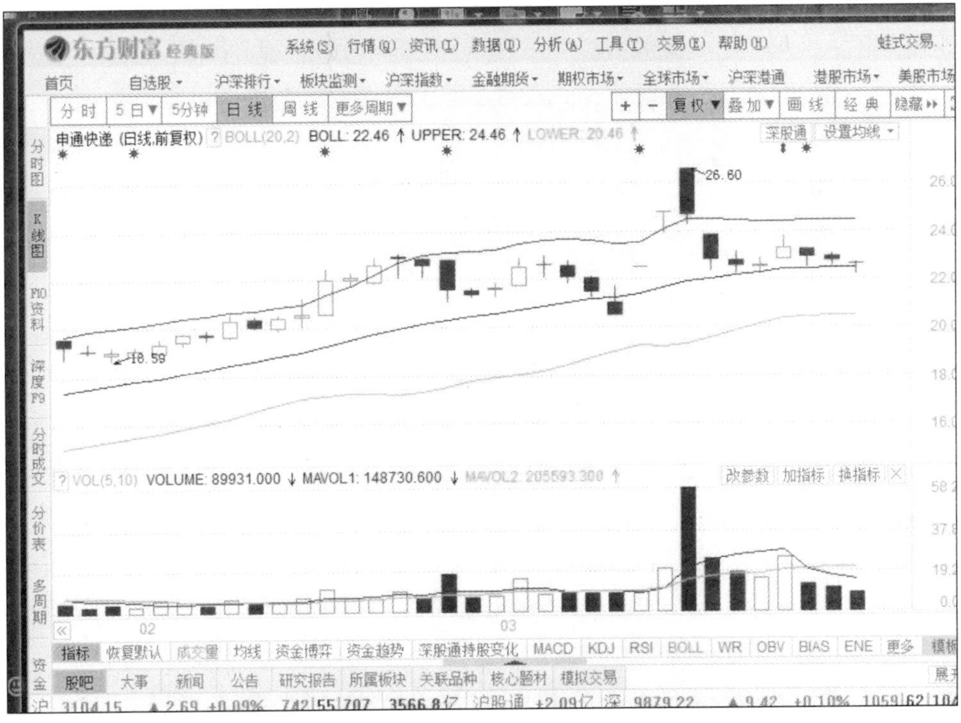

图 8-17

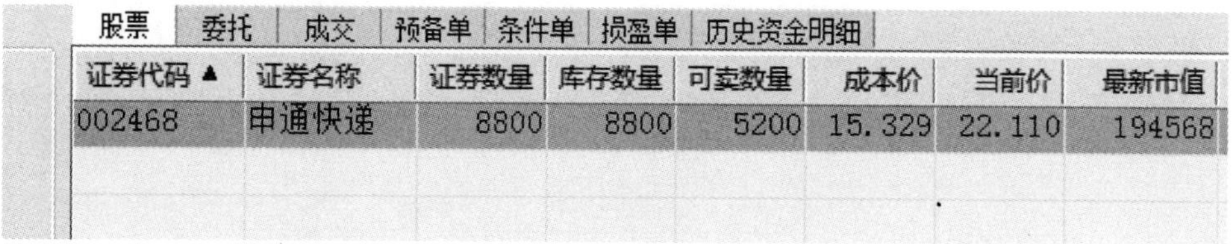

股票	委托	成交	预备单	条件单	损盈单	历史资金明细	
证券代码▲	证券名称	证券数量	库存数量	可卖数量	成本价	当前价	最新市值
002468	申通快递	8800	8800	5200	15.329	22.110	194568

图 8－18

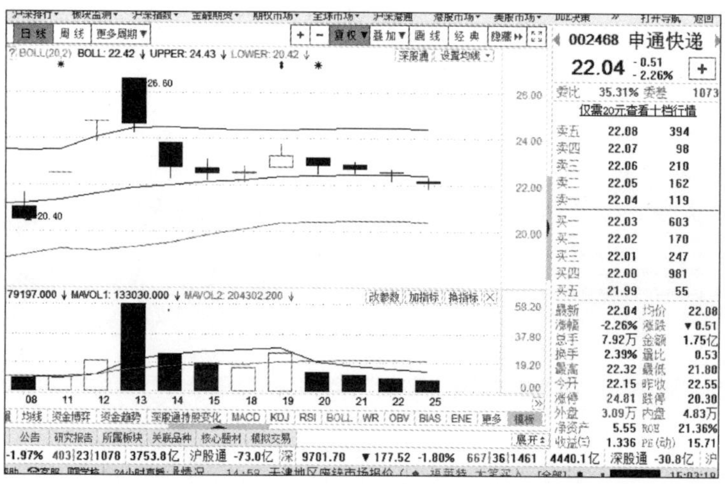

图 8－19

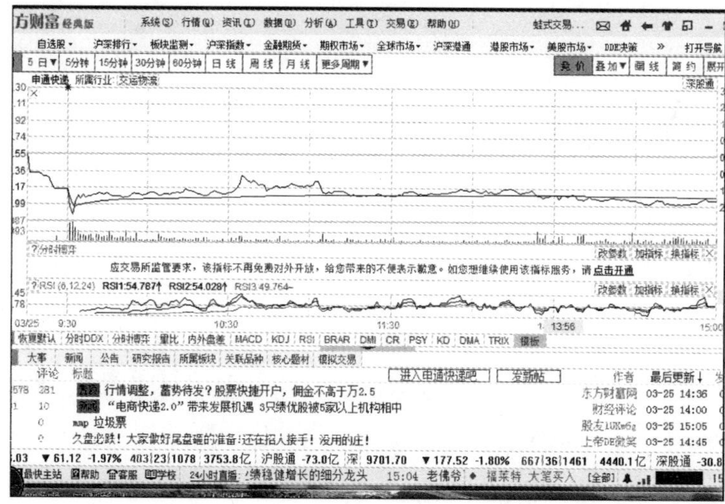

图 8－20

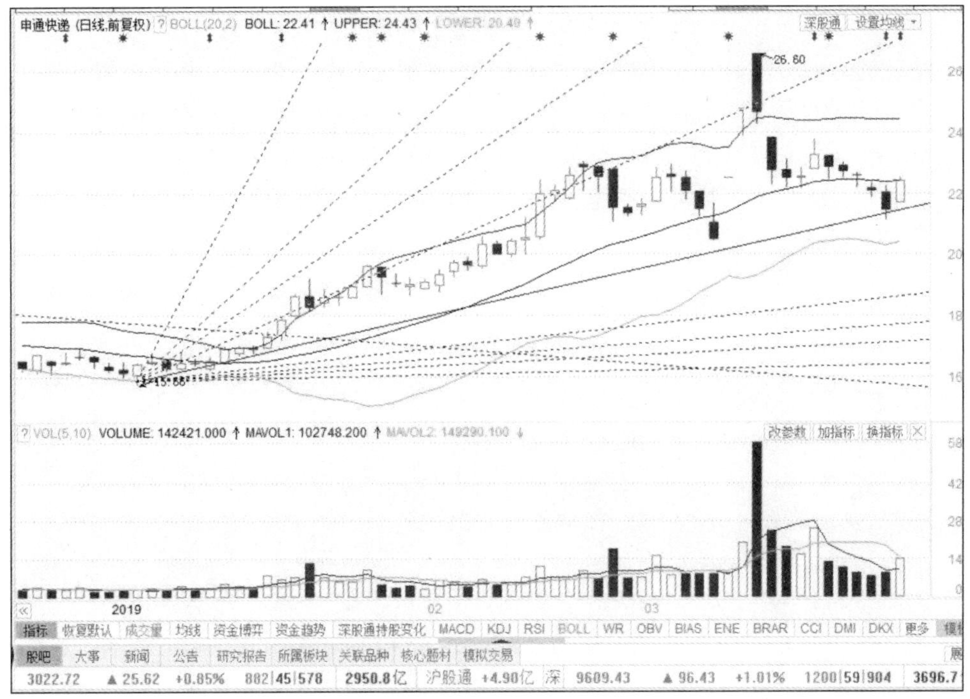

图 8-21

股票 | 委托 | 成交 | 预备单 | 条件单 | 损盈单 | 历史资金明细

证券代码 ▲	证券名称	证券数量	库存数量	可卖数量	成本价	当前价	最新市值	浮动盈亏
002120	韵达股份	3600	3600	0	37.217	38.070	137052	3070
002468	申通快递	13300	13300	300	18.217	23.190	308427	66146.04
2支							445479	69216.04

图 8-22

09:49:53	002468	申通快递	买	22.78	100
09:51:35	002468	申通快递	买	22.76	200
09:51:35	002468	申通快递	买	22.76	1000
09:51:54	002468	申通快递	买	22.75	800
09:51:58	002468	申通快递	买	22.75	200
09:52:05	002468	申通快递	买	22.73	1000
09:52:37	002468	申通快递	买	22.69	1000
09:52:37	002468	申通快递	买	22.69	1000
09:57:48	002468	申通快递	买	22.66	1000
09:57:48	002468	申通快递	买	22.66	1000
09:57:58	002468	申通快递	买	22.65	1000
10:01:52	002120	韵达股份	买	37.12	1000
10:06:34	002120	韵达股份	买	37.30	1000
10:07:02	002120	韵达股份	买	37.22	400
10:07:02	002120	韵达股份	买	37.22	400
10:07:02	002120	韵达股份	买	37.22	400
10:07:02	002120	韵达股份	买	37.22	400

图 8－23

股票 委托 成交 预备单 条件单 损盈单 历史资金明细

证券代码▲	证券名称	证券数量	库存数量	可卖数量	成本价	当前价	最新市值	浮动盈亏	盈亏比例(%)
002120	韵达股份	3600	3600	0	37.217	38.190	137484	3502	2.61
002468	申通快递	13300	13300	300	18.217	23.250	309225	67210.04	27.74
2支							446709	70712.04	

图 8－24

股票 | 委托 | 成交 | 预备单 | 条件单 | 损盈单 | 历史资金明细

证券代码▲	证券名称	证券数量	库存数量	可卖数量	成本价	当前价	最新市值	浮动盈亏
002120	韵达股份	400	400	400	25.365	38.840	15536	5437.99
002468	申通快递	1000	1000	1000	-49.706	24.650	24650	74195.66
2支							40186	79633.65

图 8-25

09:43:32	002468	申通快递	卖	25.01	300
09:43:44	002468	申通快递	卖	25.05	100
09:43:52	002468	申通快递	卖	24.96	100
09:45:25	002120	韵达股份	卖	39.09	100
09:46:37	002468	申通快递	卖	24.60	200
09:46:54	002468	申通快递	卖	24.60	200
09:47:09	002468	申通快递	卖	24.74	200
09:48:06	002468	申通快递	卖	24.89	200
09:48:17	002468	申通快递	卖	24.90	200
09:48:36	002468	申通快递	卖	24.87	100
09:48:57	002468	申通快递	卖	24.75	100
09:49:12	002120	韵达股份	卖	38.96	100

图 8-26

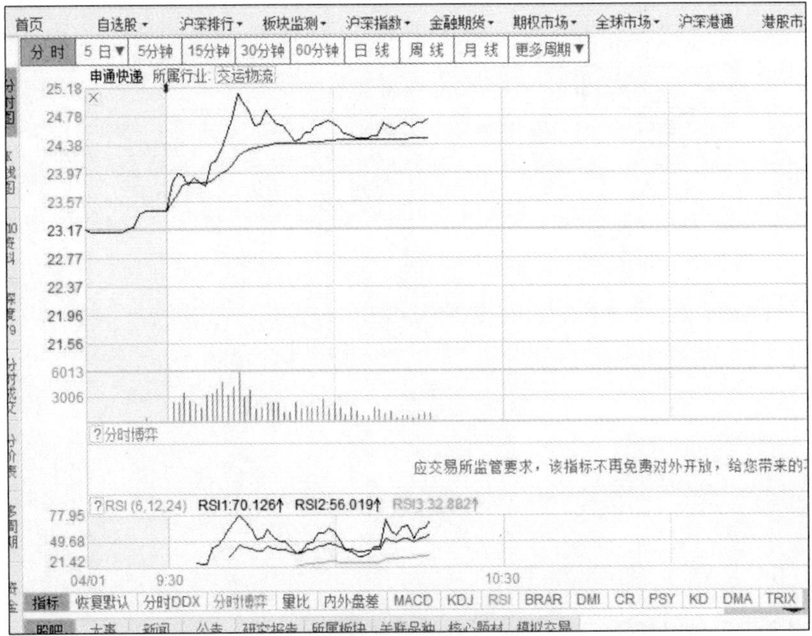
首页 自选股 沪深排行 板块监测 沪深指数 金融期货 期权市场 全球市场 沪深港通 港股市
分时 5日 5分钟 15分钟 30分钟 60分钟 日线 周线 月线 更多周期
申通快递 所属行业 交运物流
25.18
24.78
24.38
23.97
23.57
23.17
22.77
22.37
21.96
21.56
6013
3006
分时博弈
应交易所监管要求，该指标不再免费对外开放，给您带来的
RSI (6,12,24) RSI1:70.126 RSI2:56.019 RSI3:32.882
77.95
49.68
21.42
04/01
9:30
10:30
指标 恢复默认 分时DDX 分时博弈 量比 内外盘差 MACD KDJ RSI BRAR DMI CR PSY KD DMA TRIX

图 8－27

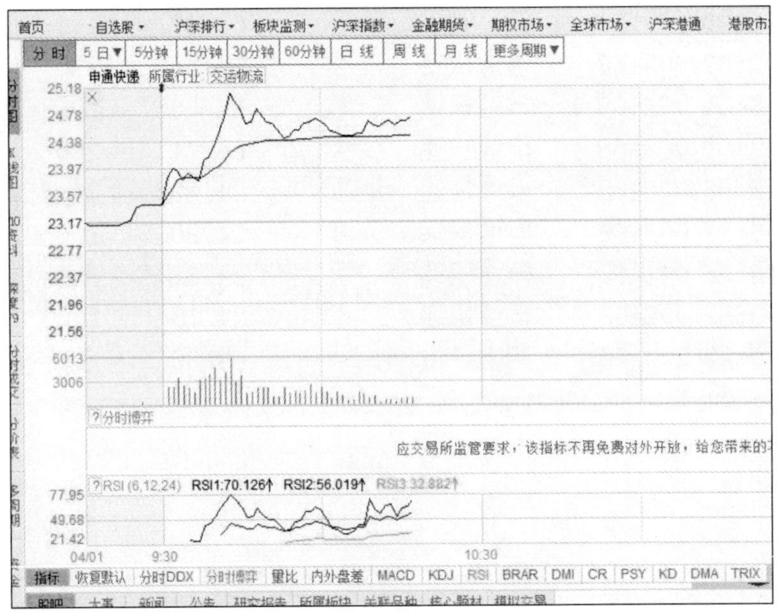
首页 自选股 沪深排行 板块监测 沪深指数 金融期货 期权市场 全球市场 沪深港通 港股市
分时 5日 5分钟 15分钟 30分钟 60分钟 日线 周线 月线 更多周期
申通快递 所属行业 交运物流
25.18
24.78
24.38
23.97
23.57
23.17
22.77
22.37
21.96
21.56
6013
3006
分时博弈
应交易所监管要求，该指标不再免费对外开放，给您带来的
RSI (6,12,24) RSI1:70.126 RSI2:56.019 RSI3:32.882
77.95
49.68
21.42
04/01
9:30
10:30
指标 恢复默认 分时DDX 分时博弈 量比 内外盘差 MACD KDJ RSI BRAR DMI CR PSY KD DMA TRIX

图 8－28

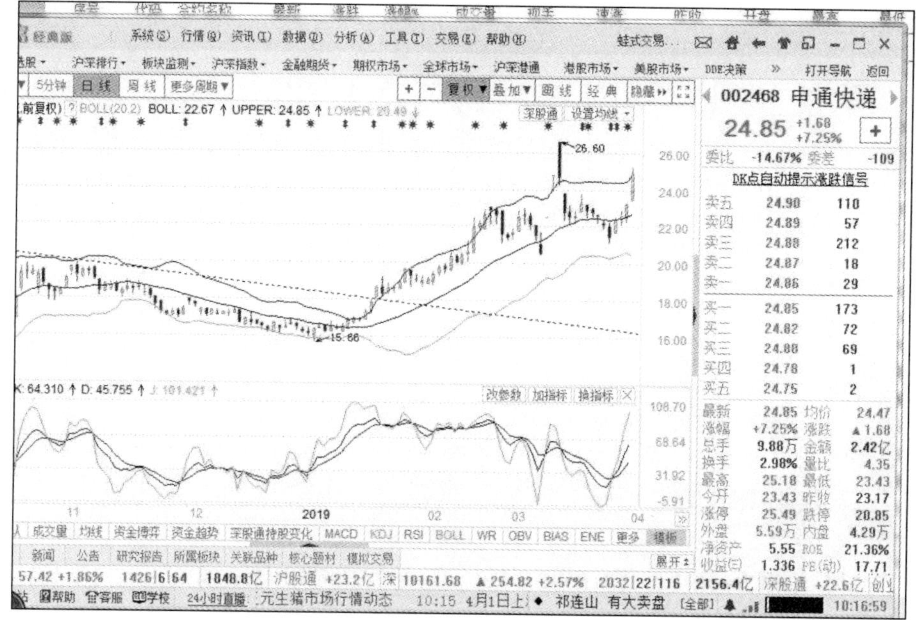

图 8－29

2019 年 4 月 1 日申通快递在 24.9～25 元附近卖出，仅留 400 手底仓，在出现阴棒的时候抄底，成本价变为 36.46 元，显示了蛙式交易降低成本、提高收益的作用，且极有效地避免了风险，在大盘稍有下调迹象的时候，拔腿就跑。

股票　委托　成交　预备单　条件单　损盈单　历史资金明细

证券代码▲	证券名称	证券数量	库存数量	可卖数量	成本价	当前价	最新市值	浮动盈亏
002120	韵达股份	3300	3300	400	36.464	39.800	131340	11007.99
002468	申通快递	1000	1000	1000	-49.706	24.960	24960	74665.66
2支							156300	85673.65

图 8－30

2019 年 4 月 3 日开盘塘底跳抄底。

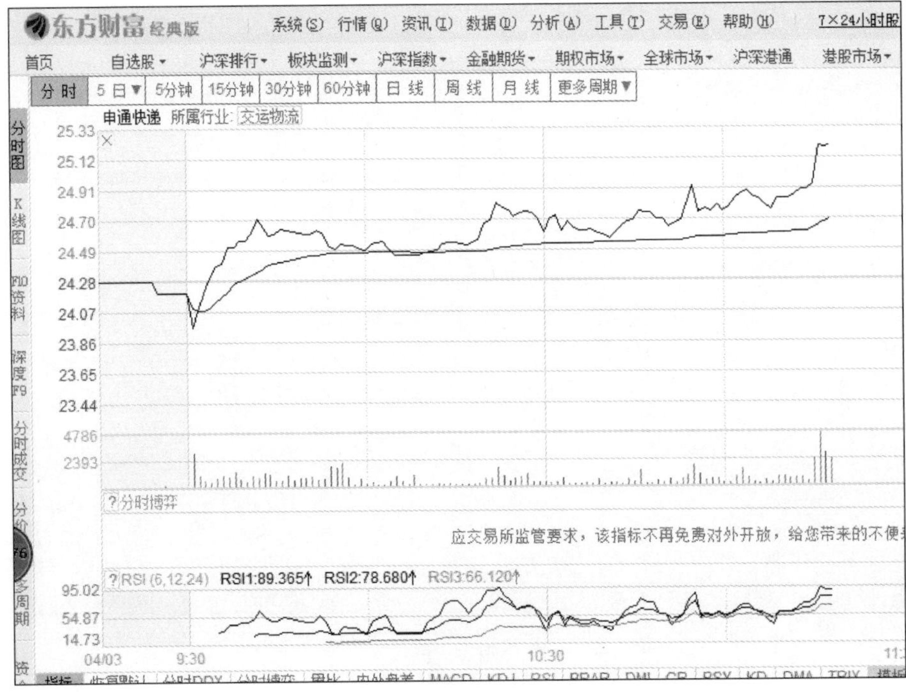

图 8－31

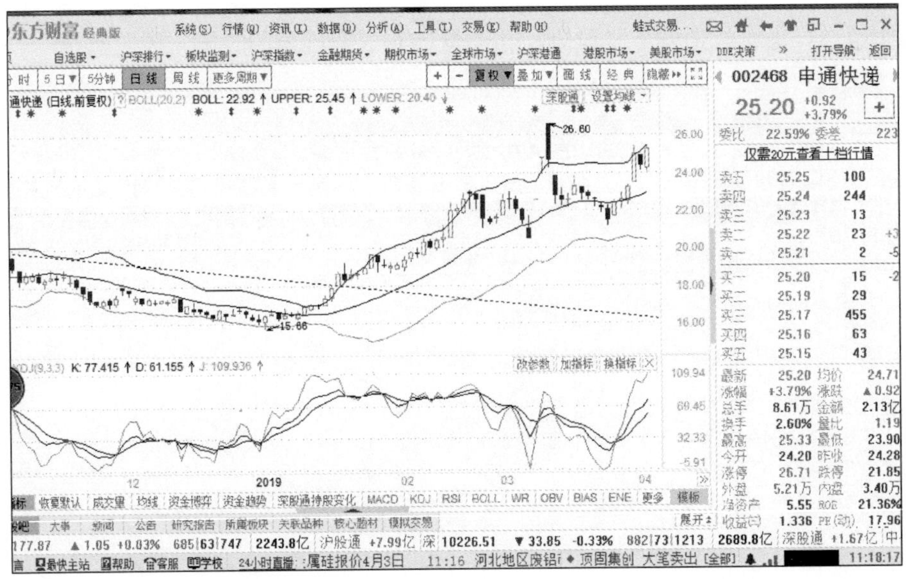

图 8－32

股票	委托	成交	预备单	条件单	损盈单	历史资金明细		
证券代码 ▲	证券名称	证券数量	库存数量	可卖数量	成本价	当前价	最新市值	浮动盈亏
002120	韵达股份	7400	7400	800	37.781	39.680	293632	14352.22
002468	申通快递	16700	16700	700	20.101	25.180	420506	85493.41
2支							714138	99845.63

图 8 – 33

抄底时间价格如图 8 – 34 所示。

股票	委托	成交	预备单	条件单	损盈单	历史资金明细
时间 ▲	证券代码	证券名称	买卖	成交价格	成交数量	
09:30:37	002468	申通快递	买	23.93	1000	
09:30:55	002468	申通快递	买	23.99	1000	
09:31:36	002120	韵达股份	买	38.60	100	
09:31:44	002120	韵达股份	买	38.60	100	
09:31:52	002120	韵达股份	买	38.60	100	
09:31:56	002120	韵达股份	买	38.60	100	
09:32:03	002120	韵达股份	买	38.58	100	
09:32:07	002120	韵达股份	买	38.58	100	
09:32:15	002120	韵达股份	买	38.53	100	
09:32:15	002120	韵达股份	买	38.53	100	
09:32:15	002120	韵达股份	买	38.53	100	
10:01:29	002120	韵达股份	买	39.07	100	
10:01:32	002120	韵达股份	买	39.06	100	
10:01:33	002120	韵达股份	买	39.06	100	
10:01:57	002468	申通快递	买	24.54	500	
10:01:57	002120	韵达股份	买	39.06	100	
10:03:50	002120	韵达股份	买	39.02	100	

图 8 – 34

上述抄底理由：受到 1/7 雷达支撑线支撑，布通林道中轨支撑，价格成交量配合良好，宝塔线向好。

2019 年 4 月 4 日开盘飞跳，锁定一部分利润。

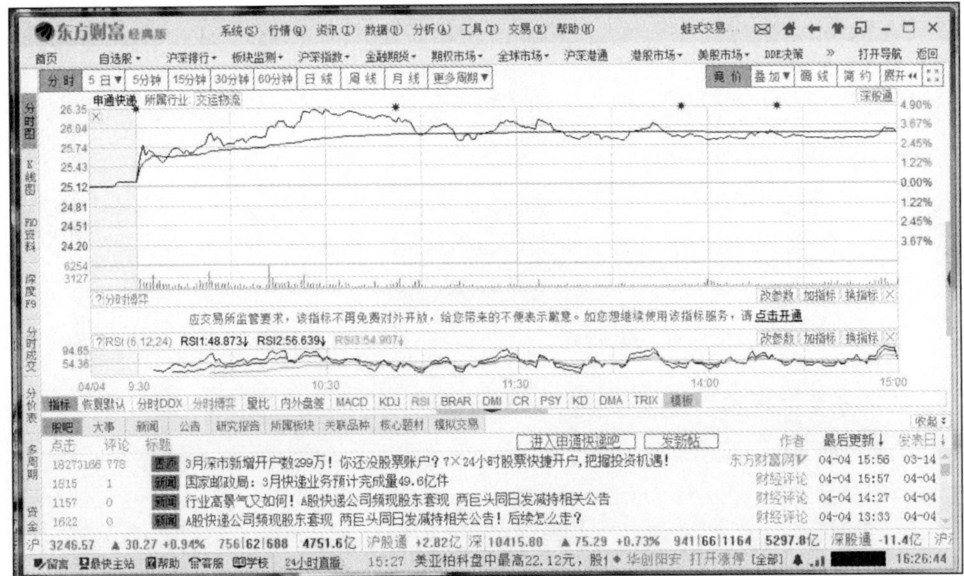

图 8－35

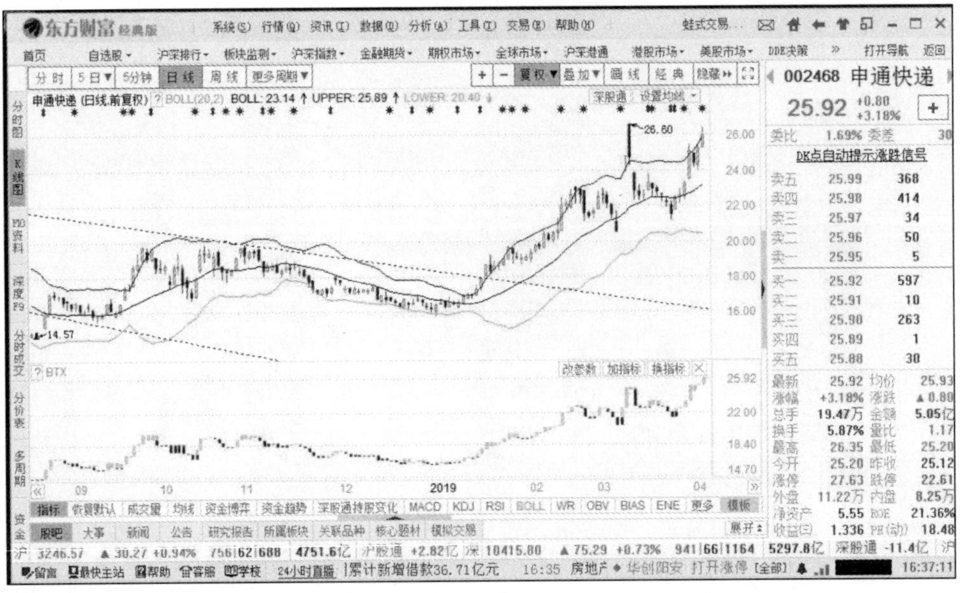

图 8－36

2019 年 4 月 8 日申通走势如图 8－37 所示。

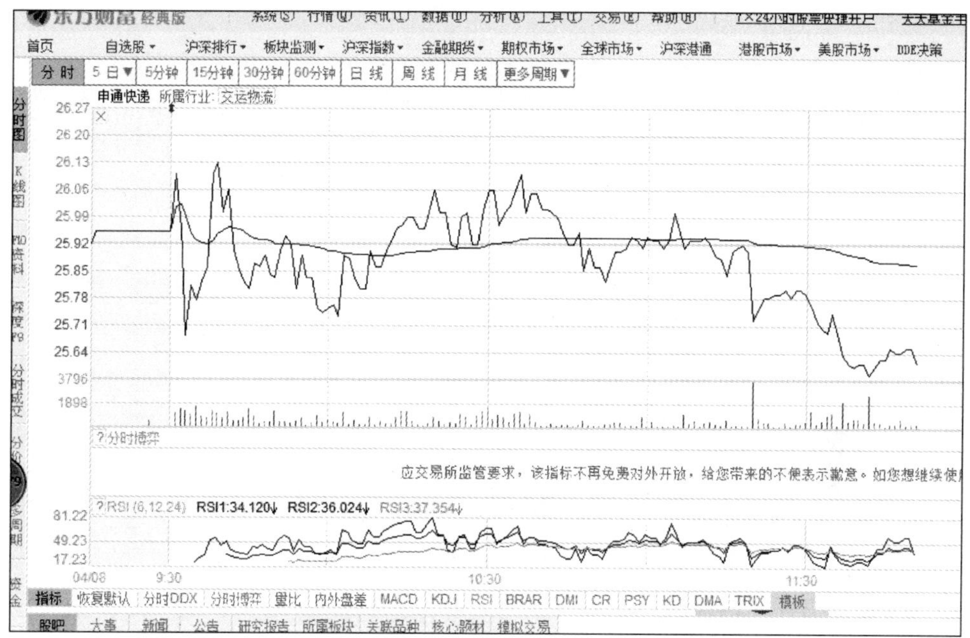

图 8－37

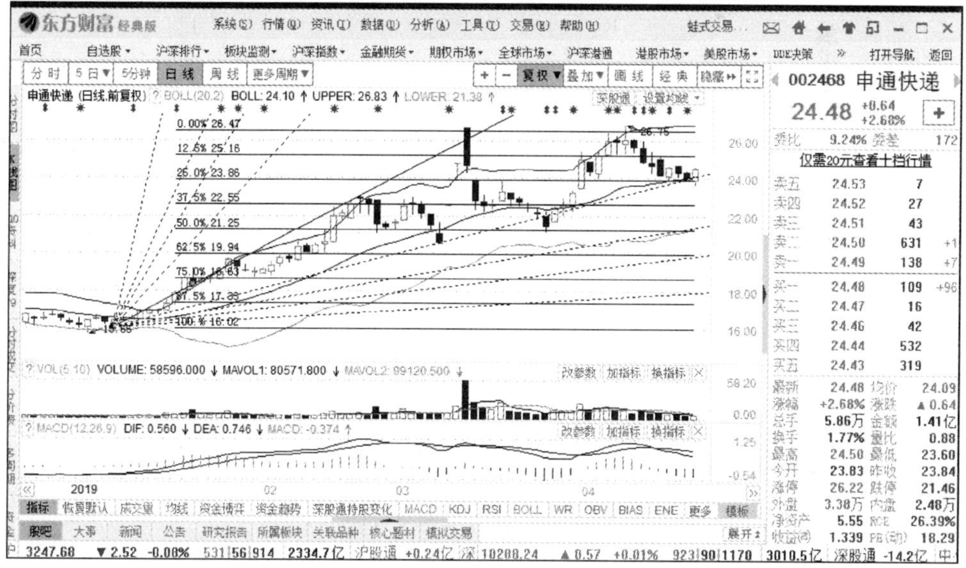

图 8－38

股票 委托 成交 预备单 条件单 损盈单 历史资金明细

证券代码 ▲	证券名称	证券数量	库存数量	可卖数量	成本价	当前价	最新市值	浮动盈亏	盈亏比例(%)
002120	韵达股份	1000	1000	1000	27.648	36.880	36880	9232.01	33.39
002468	申通快递	2500	2500	2500	-11.629	24.150	60375	89447.43	-307.67
002496	辉丰股份	9800	9800	9800	-5.671	3.800	37240	92811.07	-167.01
601126	四方股份	30800	30800	30800	6.163	7.250	223300	33494.17	17.65
4支							357795	224984.68	

图 8－39

每只股票都有自己的波动率，因此我们可以在这个波动范围之内利用筹码不断做高抛低吸。以申通快递为例，若当天高开 0.3～0.4 元，则必须至少出掉一部分。近期操作的申通快递和韵达股份两只股票，换算过来大约达到了 40%～45%的月收益率，可以说是非常可观的。

检验一个交易方法是不是好的方法，至少需要两个标准：理论是否有高度，实践是否有可行度。光有理论高度，实际操作起来却没有可行度的方法，只能摆在橱窗里装点门面，却无法真正用来指导交易。

除了上述两个基本标准，还可结合下列进阶标准进行衡量：利用上是否有广度，时间上是否有长度。换句话说就是：是否适应各类投资品种，是否能够经得起长时间的检验。

第二节 韵达股份

盈利＝（股价－成本）×股数。这三个变量，其中，股价受国家政策、大盘、庄家的各种复杂因素影响，股民无法控制；成本是股民可以控制的，通过不断高抛低吸来达到降低成本的效果；股数也可以控制，依据“进减退增”的原则，股价进的时候股数要减，股价退的时候股数要增，不断循环，打时间差、价格差。

投资者不能靠天时地利吃饭，而是靠技术。方法的力量是无穷的。大盘有很多变数，但用 1/7 操作系统加蛙式交易，则不会有变数。

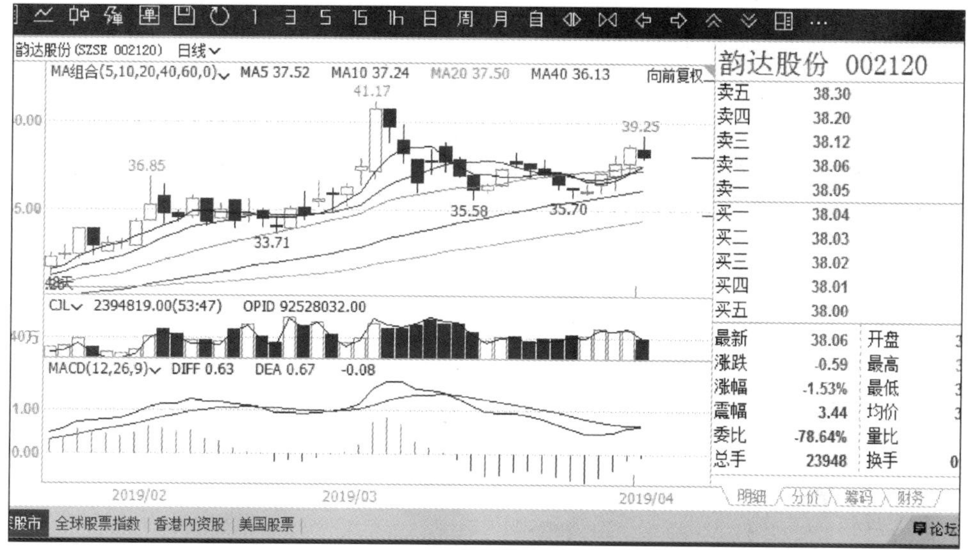

图 8-40

股票　委托　成交　预备单　条件单　损盈单　历史资金明细

证券代码▲	证券名称	证券数量	库存数量	可卖数量	成本价	当前价	最新市值	浮动盈亏	盈亏比例(%)
002120	韵达股份	3600	3600	0	37.217	38.760	139536	5662	4.23
002468	申通快递	13300	13300	300	18.217	23.130	307629	65348.04	26.97
2支							447165	71010.04	

图 8-41

抄底韵达如上，第二天卖出，如图 8-42 所示。

股票 | 委托 | 成交 | 预备单 | 条件单 | 损盈单 | 历史资金明细

证券代码 ▲	证券名称	证券数量	库存数量	可卖数量	成本价	当前价	最新市值	浮动盈亏
002120	韵达股份	400	400	400	25.365	38.840	15536	5437.99
002468	申通快递	1000	1000	1000	-49.706	24.650	24650	74195.66
2支							40186	79633.65

图 8－42

股票 | 委托 | 成交 | 预备单 | 条件单 | 损盈单 | 历史资金明细

证券代码 ▲	证券名称	证券数量	库存数量	可卖数量	成本价	当前价	最新市值	浮动盈亏
002120	韵达股份	400	400	400	25.365	38.850	15540	5437.99
002468	申通快递	1000	1000	1000	-49.706	24.650	24650	74195.66
2支							40190	79633.65

图 8－43

09:43:32	002468	申通快递	卖	25.01	300
09:43:44	002468	申通快递	卖	25.05	100
09:43:52	002468	申通快递	卖	24.96	100
09:45:25	002120	韵达股份	卖	39.09	100
09:46:37	002468	申通快递	卖	24.60	200
09:46:54	002468	申通快递	卖	24.60	200
09:47:09	002468	申通快递	卖	24.74	200
09:48:06	002468	申通快递	卖	24.89	200
09:48:17	002468	申通快递	卖	24.90	200
09:48:36	002468	申通快递	卖	24.87	100
09:48:57	002468	申通快递	卖	24.75	100
09:49:12	002120	韵达股份	卖	38.96	100

图 8－44

股票 | 委托 | 成交 | 预备单 | 条件单 | 损盈单 | 历史资金明细

证券代码▲	证券名称	证券数量	库存数量	可卖数量	成本价	当前价	最新市值	浮动盈亏
002120	韵达股份	3300	3300	400	36.464	38.780	127974	7278.99
002468	申通快递	1000	1000	1000	-49.706	24.740	24740	74455.66
2支							152714	81734.65

图 8－45

股票 | 委托 | 成交 | 预备单 | 条件单 | 损盈单 | 历史资金明细

时间▲	证券代码	证券名称	买卖	成交价格	成交数量	成交金额
11:12:11	002120	韵达股份	买	38.09	100	
11:13:16	002120	韵达股份	买	38.08	100	
11:14:33	002120	韵达股份	买	38.03	100	
11:14:45	002120	韵达股份	买	38.01	100	
11:14:45	002120	韵达股份	买	38.01	100	
11:19:53	002120	韵达股份	买	37.98	200	
11:19:53	002120	韵达股份	买	37.98	200	
11:19:53	002120	韵达股份	买	37.98	100	
11:20:03	002120	韵达股份	买	37.96	200	
11:20:03	002120	韵达股份	买	37.96	200	
11:20:10	002120	韵达股份	买	37.95	200	
11:20:21	002120	韵达股份	买	37.93	200	
11:20:21	002120	韵达股份	买	37.93	200	
11:20:28	002120	韵达股份	买	37.92	200	
11:20:28	002120	韵达股份	买	37.92	200	
11:20:32	002120	韵达股份	买	37.91	200	
11:22:20	002120	韵达股份	买	37.90	200	

.74 0.24 1.92% 34844 544 0.24% 12.50 12.53

图 8－46

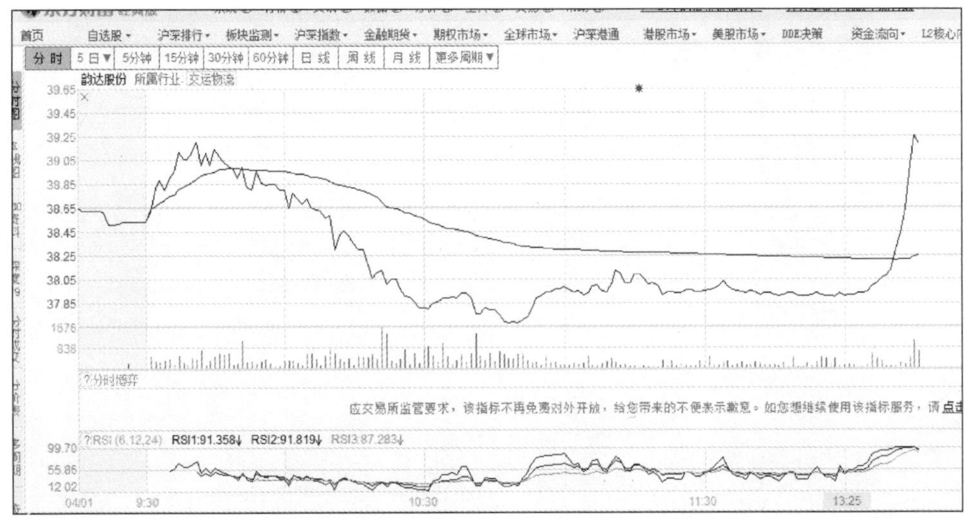

图 8－47

盘中再底跳，分时图如图 8－47 所示，过程如图 8－48 所示。

股票 | 委托 | 成交 | 预备单 | 条件单 | 损盈单 | 历史资金明细

证券代码 ▲	证券名称	证券数量	库存数量	可卖数量	成本价	当前价	最新市值	浮动盈亏
002120	韵达股份	3300	3300	400	36.464	39.050	128865	8895.99
002468	申通快递	1000	1000	1000	-49.706	24.950	24950	74755.66
2支							153815	83651.65

图 8－48

股票 | 委托 | 成交 | 预备单 | 条件单 | 损盈单 | 历史资金明细

时间 ▲	证券代码	证券名称	买卖	成交价格	成交数量	成交金额
11:12:11	002120	韵达股份	买	38.09	100	
11:13:16	002120	韵达股份	买	38.08	100	
11:14:33	002120	韵达股份	买	38.03	100	
11:14:45	002120	韵达股份	买	38.01	100	
11:14:45	002120	韵达股份	买	38.01	100	
11:19:53	002120	韵达股份	买	37.98	200	
11:19:53	002120	韵达股份	买	37.98	200	
11:19:53	002120	韵达股份	买	37.98	100	
11:20:03	002120	韵达股份	买	37.96	200	
11:20:03	002120	韵达股份	买	37.96	200	
11:20:10	002120	韵达股份	买	37.95	200	
11:20:21	002120	韵达股份	买	37.93	200	
11:20:21	002120	韵达股份	买	37.93	200	
11:20:28	002120	韵达股份	买	37.92	200	
11:20:28	002120	韵达股份	买	37.92	200	
11:20:32	002120	韵达股份	买	37.91	200	
11:22:20	002120	韵达股份	买	37.90	200	

74 0.24 1.92% 34844 544 0.24% 12.50 12.53

图 8－49

股票 | 委托 | 成交 | 预备单 | 条件单 | 损盈单 | 历史资金明细

证券代码 ▲	证券名称	证券数量	库存数量	可卖数量	成本价	当前价	最新市值	浮动盈亏
002120	韵达股份	3300	3300	400	36.464	39.800	131340	11007.99
002468	申通快递	1000	1000	1000	-49.706	24.960	24960	74665.66
2支							156300	85673.65

图 8－50

2019 年 4 月 3 日，韵达开盘塘底跳抄底，如图 8－51 所示。

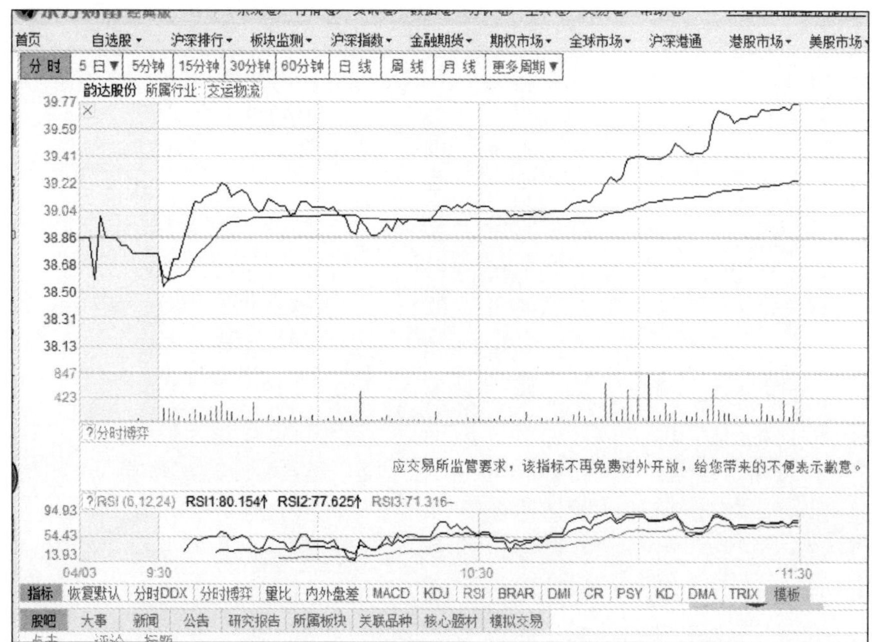

图 8－51

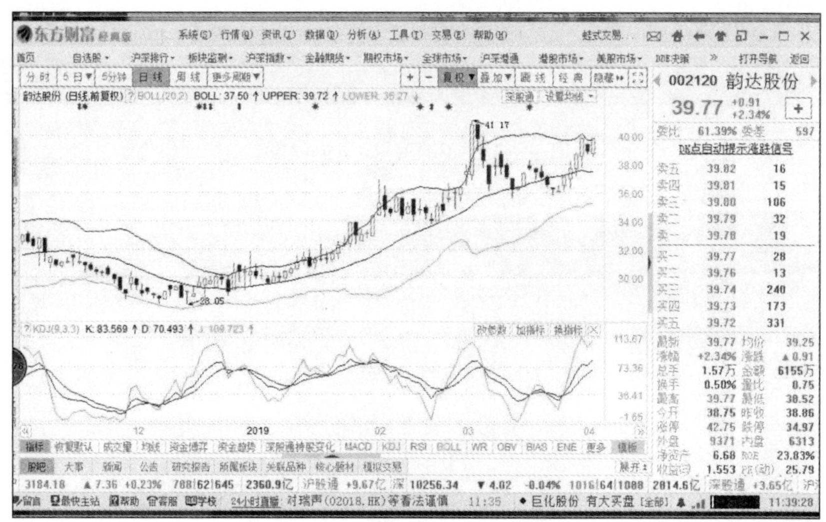

图 8－52

过程如图 8－53、图 8－54 所示。

股票 | 委托 | 成交 | 预备单 | 条件单 | 损盈单 | 历史资金明细

时间 ▲	证券代码	证券名称	买卖	成交价格	成交数量
09:30:37	002468	申通快递	买	23.93	1000
09:30:55	002468	申通快递	买	23.99	1000
09:31:36	002120	韵达股份	买	38.60	100
09:31:44	002120	韵达股份	买	38.60	100
09:31:52	002120	韵达股份	买	38.60	100
09:31:56	002120	韵达股份	买	38.60	100
09:32:03	002120	韵达股份	买	38.58	100
09:32:07	002120	韵达股份	买	38.58	100
09:32:15	002120	韵达股份	买	38.53	100
09:32:15	002120	韵达股份	买	38.53	100
09:32:15	002120	韵达股份	买	38.53	100
10:01:29	002120	韵达股份	买	39.07	100
10:01:32	002120	韵达股份	买	39.06	100
10:01:33	002120	韵达股份	买	39.06	100
10:01:57	002468	申通快递	买	24.54	500
10:01:57	002120	韵达股份	买	39.06	100
10:03:50	002120	韵达股份	买	39.02	100

图 8 – 53

股票 | 委托 | 成交 | 预备单 | 条件单 | 损盈单 | 历史资金明细

证券代码 ▲	证券名称	证券数量	库存数量	可卖数量	成本价	当前价	最新市值	浮动盈亏
002120	韵达股份	7400	7400	800	37.781	39.680	293632	14352.22
002468	申通快递	16700	16700	700	20.101	25.180	420506	85493.41
2支							714138	99845.63

图 8 – 54

抄底理由：受到 1/7 雷达支撑线支撑，布通林道中轨支撑，价格成交量配合良好，宝塔线向好。

2019 年 4 月 4 日，韵达开盘飞跳抛出，锁定盈利，过程如图 8 – 55、图 8 – 56 所示。

股票 | 委托 | 成交 | 预备单 | 条件单 | 损盈单 | 历史资金明细

证券代码 ▲	证券名称	证券数量	库存数量	可卖数量	成本价	当前价	最新市值	浮动盈亏	盈亏比例(%)
002120	韵达股份	2400	2400	400	33.456	39.930	95832	15393.69	19.17
002468	申通快递	4200	4200	4200	3.679	25.690	107898	92445.68	598.26
2支							203730	107839.37	

图 8－55

股票 | 委托 | 成交 | 预备单 | 条件单 | 损盈单 | 历史资金明细

时间 ▲	证券代码	证券名称	买卖	成交价格	成交数量
09:30:00	002120	韵达股份	卖	39.99	200
09:30:52	002120	韵达股份	卖	39.96	800
09:31:18	002120	韵达股份	卖	39.86	200
09:31:21	002120	韵达股份	卖	39.87	300
09:31:56	002468	申通快递	卖	25.78	500
09:31:59	002468	申通快递	卖	25.78	500
09:32:05	002468	申通快递	卖	25.74	500
09:32:07	002468	申通快递	卖	25.74	500

图 8－56

K 线和分时图如图 8－57、图 8－58 所示。

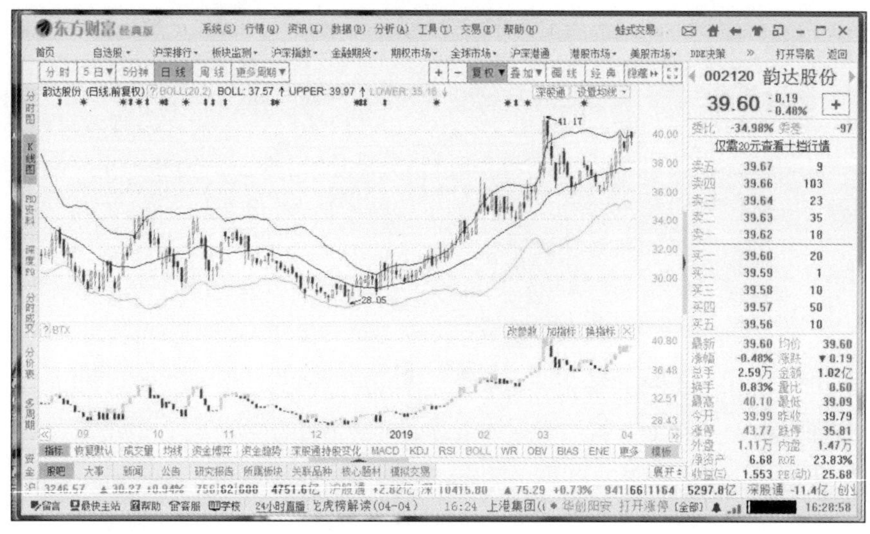

图 8－57

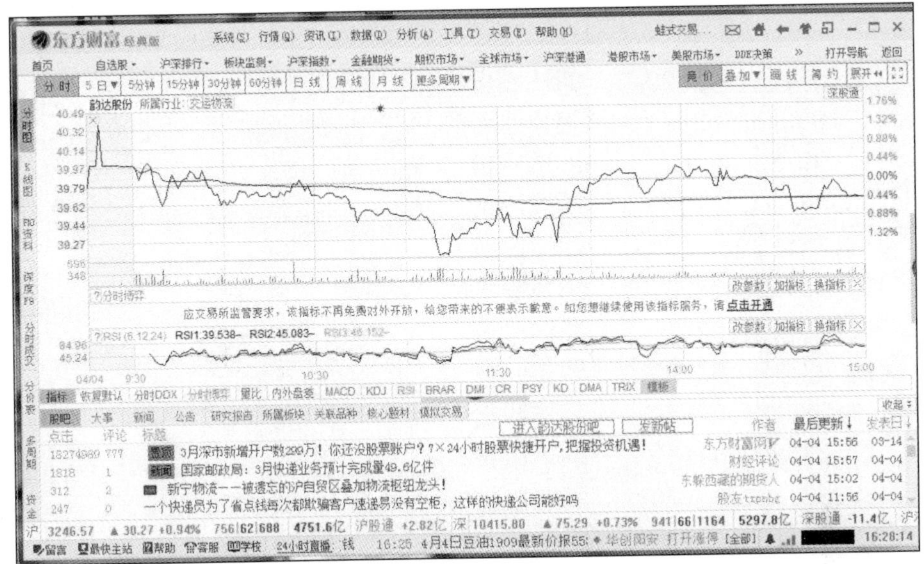

图 8－58

2019 年 4 月 8 日韵达高抛低吸，如图 8－59、图 8－60 所示。

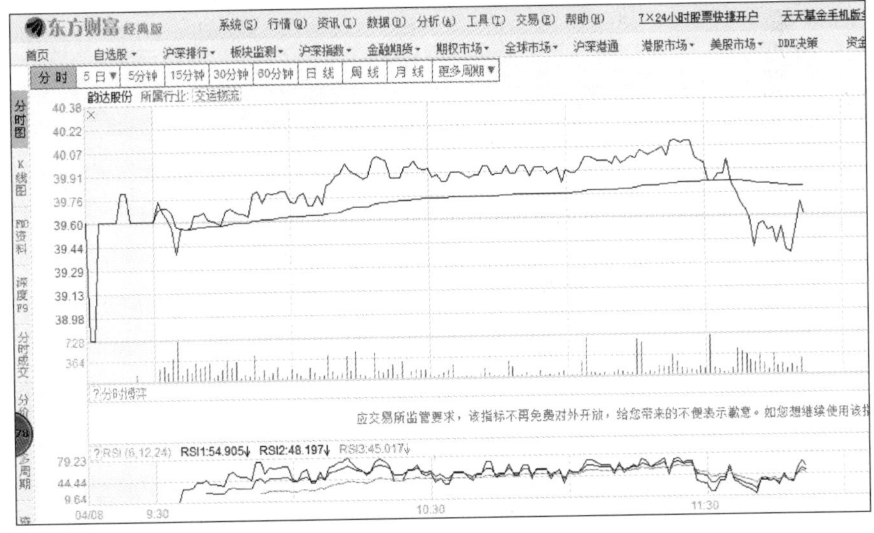

图 8－59

13:33:13	002120	韵达股份	买	39.08	200
13:33:13	002120	韵达股份	买	39.08	200
13:33:13	002120	韵达股份	买	39.08	200
13:33:13	002120	韵达股份	买	39.08	200
13:33:13	002120	韵达股份	买	39.08	200
13:33:13	002120	韵达股份	买	39.08	200
13:33:19	002120	韵达股份	买	39.04	300
13:33:19	002120	韵达股份	买	39.04	300
13:33:19	002120	韵达股份	买	39.04	300
13:33:19	002120	韵达股份	买	39.04	300
13:33:19	002120	韵达股份	买	39.04	300
13:33:19	002120	韵达股份	买	39.04	300
13:33:19	002120	韵达股份	买	39.04	500

图 8 – 60

股票 | 委托 | 成交 | 预备单 | 条件单 | 损盈单 | 历史资金明细

证券代码 ▲	证券名称	证券数量	库存数量	可卖数量	成本价	当前价	最新市值	浮动盈亏
002120	韵达股份	8000	8000	700	37.332	39.060	312480	15503.77
002468	申通快递	3300	3300	1700	-2.548	25.450	83985	92589.85
2支							396465	108093.62

图 8 – 61

2019 年 4 月 9 日韵达走势如图 8 – 61 ~ 图 8 – 63 所示。

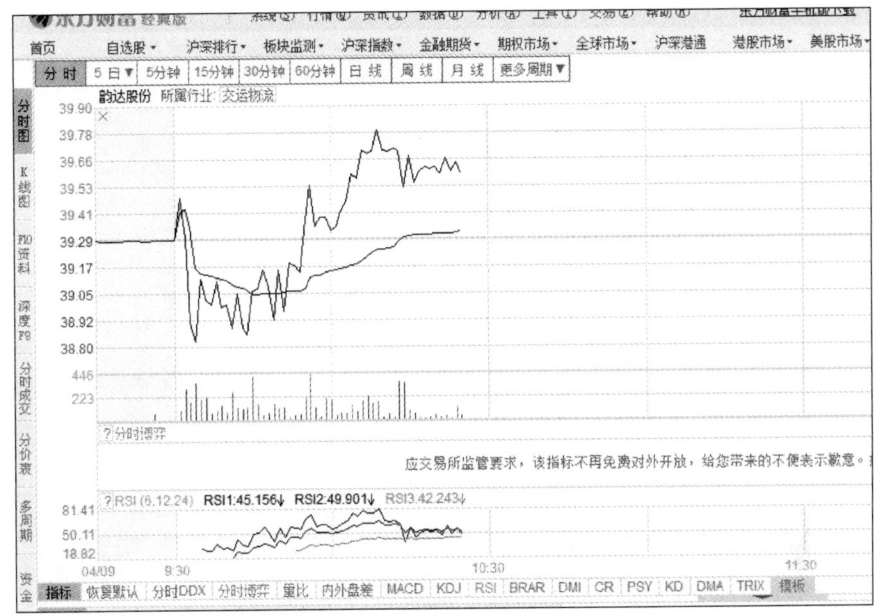

图 8 – 62

时间	证券代码	证券名称	买卖	成交价格	成交数量
09:30:52	002120	韵达股份	卖	39.49	1000
09:30:52	002120	韵达股份	卖	39.49	1000
09:31:25	002120	韵达股份	卖	39.48	1000
09:31:38	002468	申通快递	卖	25.55	1000
09:31:49	002468	申通快递	卖	25.52	900
09:31:54	002468	申通快递	卖	25.52	900
09:31:56	002468	申通快递	卖	25.51	100
09:31:56	002468	申通快递	卖	25.51	100
09:35:09	002120	韵达股份	卖	39.21	1000
09:40:39	002120	韵达股份	买	38.90	100
09:40:39	002120	韵达股份	买	38.90	100
09:40:39	002120	韵达股份	买	38.90	100
09:40:51	002120	韵达股份	买	38.87	200
09:43:54	002120	韵达股份	买	38.85	100

图 8 – 63

韵达股份和申通快递近期在白色支撑线和黄色压力线之间进行横向波动，因此我们不断在此区间内进行高抛低吸，效果十分理想。

第三节　辉丰股份

近期收到不少 1/7 和蛙式交易学员反映说韵达股份和申通快递收益太慢，要求分析强势股，因此，我们解析一下蛙式交易和 1/7 雷达如何扫描强势股并加以介入。1/7 操作系统中有一部分内容叫作追击型建仓，讲的就是强势股的建仓、仓位控制，以及最后如何完美离场。

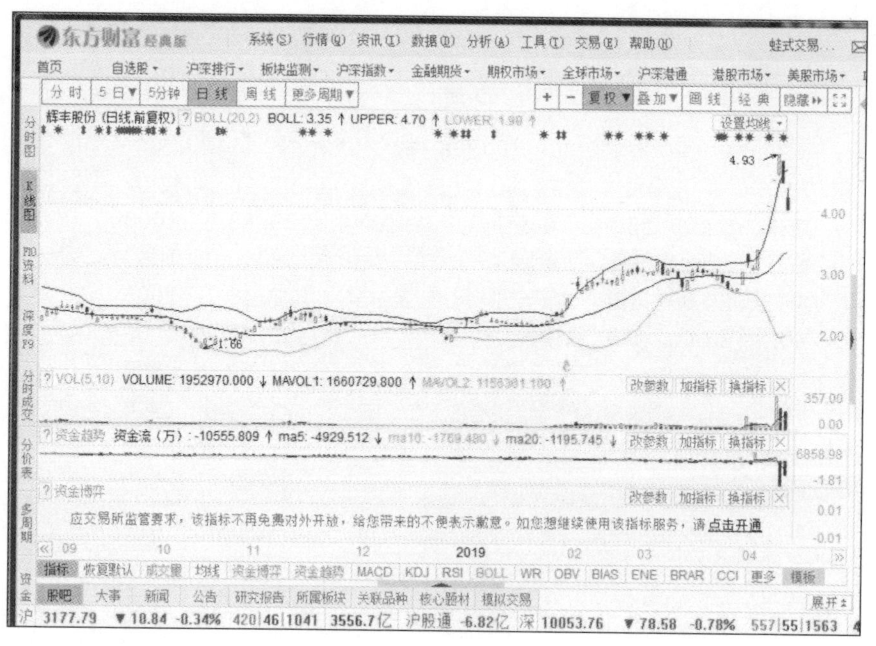

图 8－64

布林通道比较简单、直观，与其他指标搭配后能给出较为明确的指示。辉丰股份这只股票前期多次向下发散均未真正大跌，反而形成了双底，跟随大盘上扬后，出现了突破性缺口，且三天内未出现明显回调，又在通道内部形成双底，并出现了“中阳穿中腰”的明确强势信号，又以极小的量打开了向上的开口，不

顾前期的大量套牢盘。此时喜欢搏杀的风险偏好型投资者完全可以使用 1/7 操作系统的锥形建仓法，即 4 – 2 – 1 的追击型建仓方法，这种建仓方法的特点是大头在下，过程中再适当追击加仓。

周一（2019 年 4 月 8 日）化工股涨势良好，但大部分都在周二出现了回调，然而通过 1/7 操作系统自身的雷达体系和指标所选定的辉丰股份这只股票，却实现了可观的利润，到收盘时我们还留了不少持仓，没有全部出货。

股票 | 委托 | 成交 | 预备单 | 条件单 | 损盈单 | 历史资金明细

时间 ▲	证券代码	证券名称	买卖	成交价格	成交数量
09:36:51	002496	辉丰股份	卖	4.93	100
09:37:05	002496	辉丰股份	卖	4.93	10000
09:37:45	002496	辉丰股份	卖	4.93	10000
09:39:23	002496	辉丰股份	卖	4.93	10000
09:39:36	002496	辉丰股份	卖	4.93	10000
09:39:52	002496	辉丰股份	卖	4.93	10000
09:40:20	002496	辉丰股份	卖	4.88	10000
09:40:37	002496	辉丰股份	卖	4.82	10000

图 8 – 65

股票 | 委托 | 成交 | 预备单 | 条件单 | 损盈单 | 历史资金明细

证券代码 ▲	证券名称	证券数量	库存数量	可卖数量	成本价	当前价	最新市值	浮动盈亏	盈亏比例(%)
002120	韵达股份	3200	3200	3200	34.074	39.900	127680	17522.79	16.07
002468	申通快递	4100	4100	4100	2.786	25.380	104058	93047.26	814.72
002496	辉丰股份	39500	39500	39500	1.961	4.780	188810	116898.25	150.95
3支							420548	227468.30	

图 8 – 66

在选定强势股以后，对大盘也必须密切关注，不能放松警惕，以免个股受到大盘跳水的波及。有个小技巧是，把大盘按每半小时分为一个区，全天总共可以分为八个区，当你准备追击某只股票的时候，就先以分区的方式观察一下大盘。

牛市的时候大盘第一个区（9：30～10：00）通常是高开低走的，对判断全天的大势用处不大；第二个区（10：00～10：30）则至关重要，因为它显示了市场对后市的信心，是一个关键的风向标，对下午的走势有极好的提示作用，尤其是收盘前的第八个区（14：30～15：00）的走势大概率是跟第二个区同步的。

寻找这种强势型股票，必须经过长期的技术面分析，再加上基本面和消息面的观察，找准突破机会时果断介入。而风险厌恶型投资者则还是尽量选择申通快递和韵达股份这种温和型的股票进行操作。

第四节　四方股份

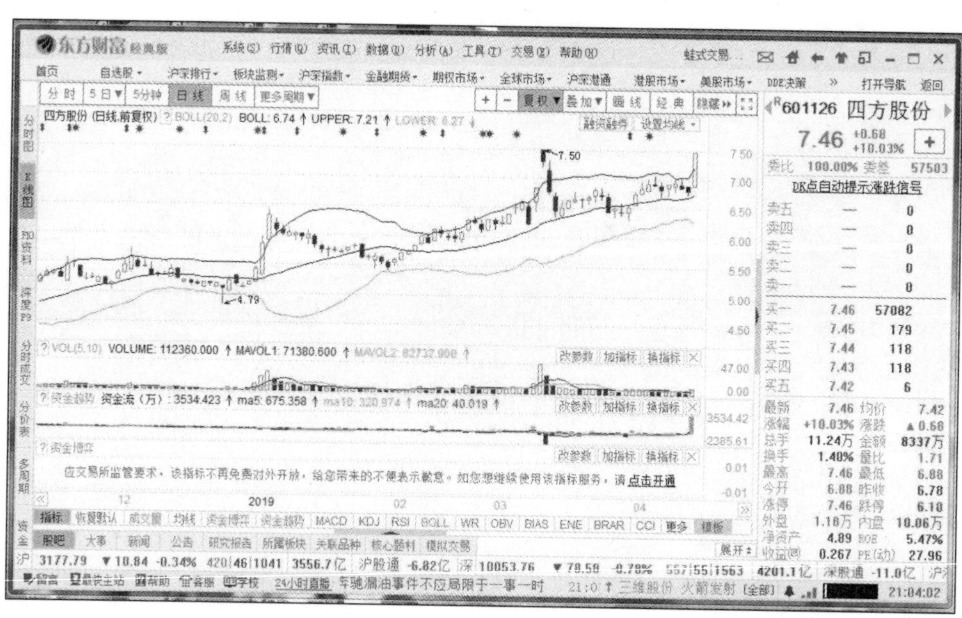

图 8－67

挑选强势股的具体方法：基本面、消息面都较为乐观，技术面则处在上升通道之中，前期触碰到了布林通道的白线，且出现了一些交易量较大的日期，即所谓的“山包”，换手率最好在5%～20%。经过一段时间的洗盘后，如果在某天用很小的量就达到了涨停或接近涨停，不惧前期巨大的套牢盘，此时要引起高度重视，该股很可能成为强势股。如再配合一些利好消息则更为稳妥，例如，管理层的回购、宏观消息、风口等。特别是在开盘5分钟之内，敢于以极小的量挑战前期高点，气贯长虹封住涨停，不拖泥带水的个股，可以说成为强势股的概率是很高的。值得注意的是，在大盘下跌的时候，强势股其实更容易脱颖而出，也更安全。

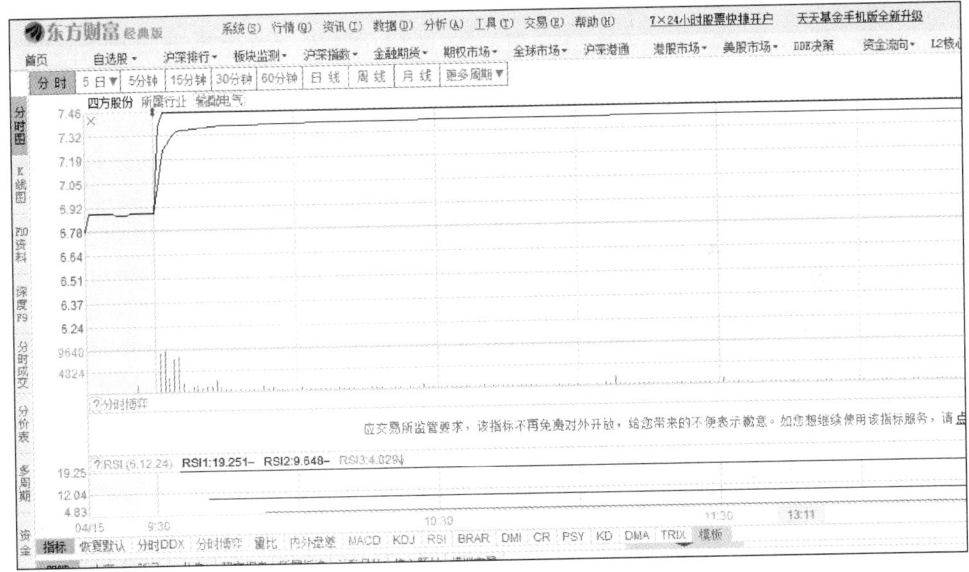

图8－68

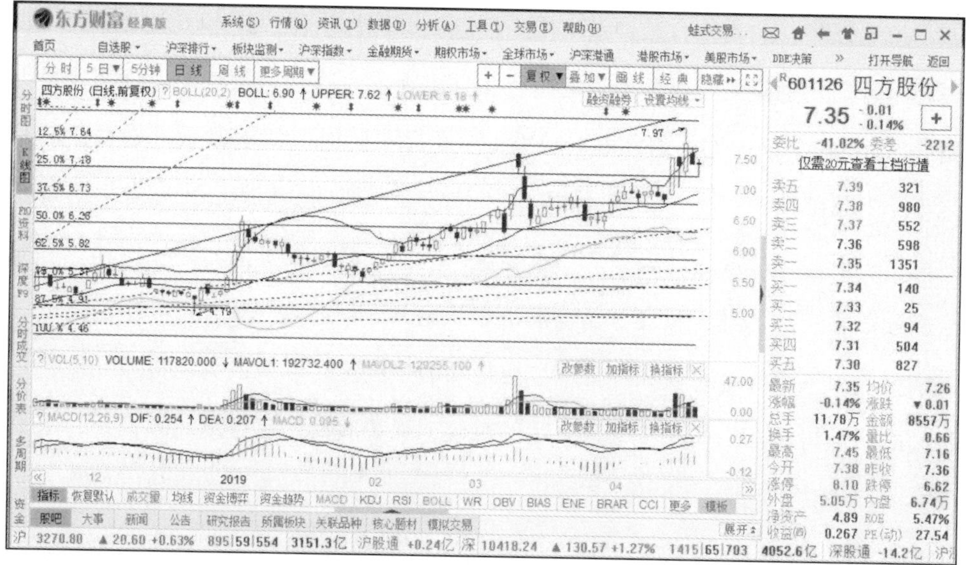

图 8－69

四方股份在涨停板回落后，塘底跳建仓。该股基本面良好，盘子轻，股东回购，符合 1/7 雷达扫描条件，第二天果然大涨。经过 3 天高抛低吸的操作，成本价被打到了 6. 16 元，而当前价在 7. 37 元左右。换句话说，在如此平淡的行情中，实现了 18% 的盈亏比例。

股票 | 委托 | 成交 | 预备单 | 条件单 | 损盈单 | 历史资金明细

证券代码 ▲	证券名称	证券数量	库存数量	可卖数量	成本价	当前价	最新市值	浮动盈亏	盈亏比例(%)
002120	韵达股份	1000	1000	1000	27.648	38.170	38170	10342.01	37.41
002468	申通快递	2500	2500	2500	-11.629	24.310	60775	89947.43	-309.39
002496	辉丰股份	9800	9800	9800	-5.671	3.890	38122	94085.07	-169.31
601126	四方股份	30800	30800	30800	6.163	7.370	226996	35650.17	18.78
4支							364063	230024.68	

图 8－70

股票 | 委托 | 成交 | 预备单 | 条件单 | 损盈单 | 历史资金明细

证券代码 ▲	证券名称	证券数量	库存数量	可卖数量	成本价	当前价	最新市值	浮动盈亏	盈亏比例(%)
002120	韵达股份	1000	1000	1000	27.648	38.240	38240	10592.01	38.31
002468	申通快递	2500	2500	2500	-11.629	24.210	60525	89597.43	-308.19
002496	辉丰股份	9800	9800	9800	-5.671	3.990	39102	94673.07	-170.36
601126	四方股份	30800	30800	30800	6.163	7.700	237160	47354.17	24.95
4支							375027	242216.68	

图 8－71

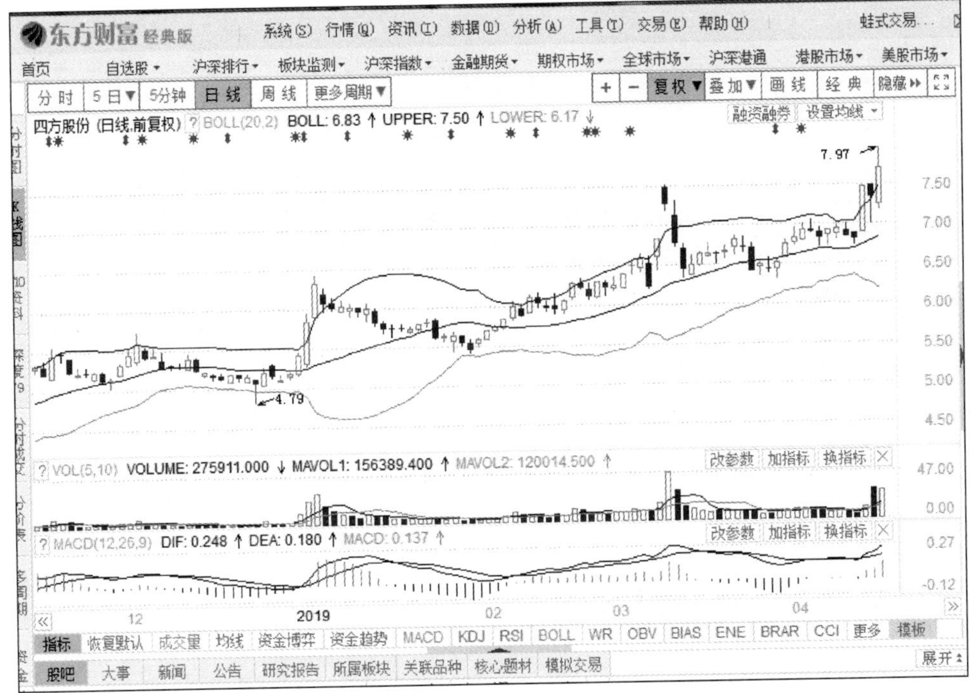

图 8－72

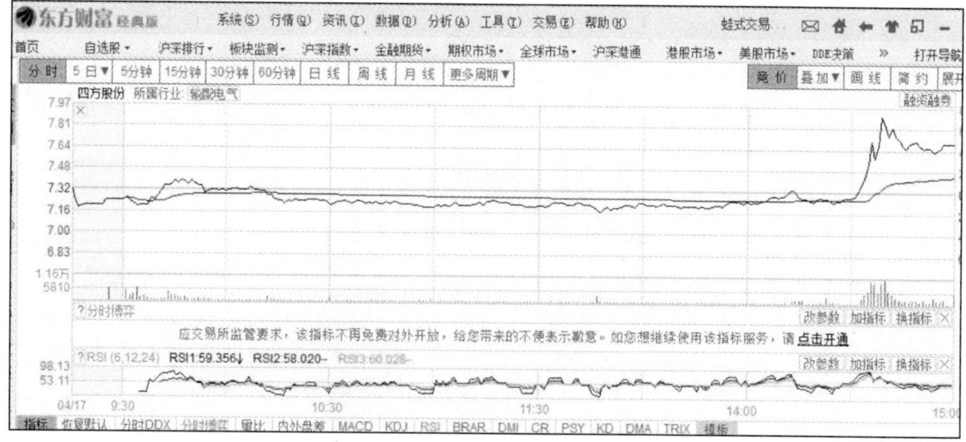

图 8 – 73

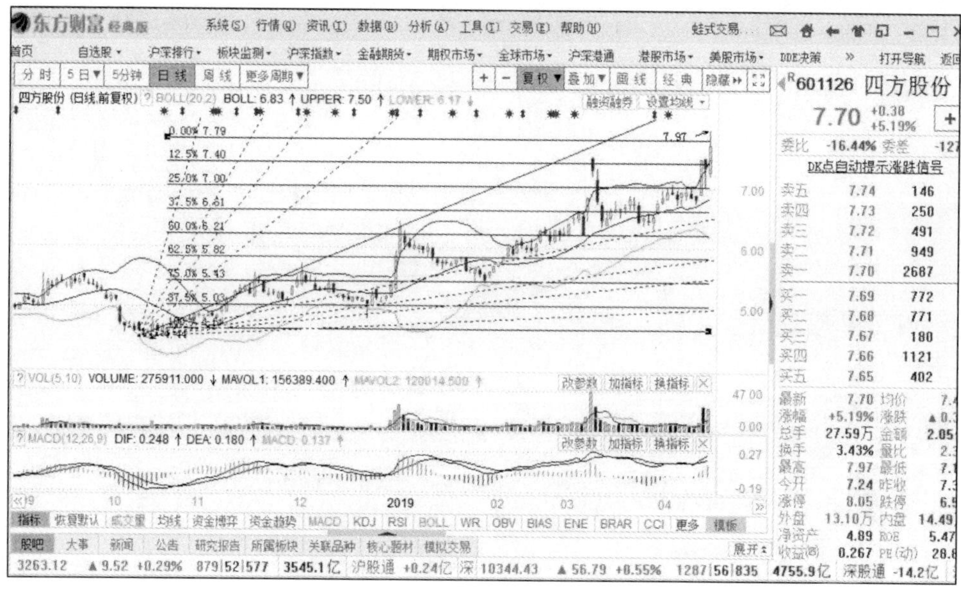

图 8 – 74

喜欢下跌的股票其实在实际操作中更容易赚钱，因为它可以降低成本；而喜欢上涨的股票往往中看不中用，很难真正盈利。因此，大家平常在选股的时候，不要只盯住第一版，要把更多注意力放在最后一版，其中不乏强势股，它给你带来的收益往往要超过热门板块。

第五节　股指期货

盘中按照基础差价，蛙跳买卖股指期货。

◉ 成交明细　○ 按委托汇总　○ 按合约汇总

成交时间	合约	买卖	开平	成交价格	手数	投保	委托号
10:38:39	IF1903	买	平	3723.6	1	投	26824
10:38:09	IF1903	买	平	3726.6	1	投	26815
10:33:55	IF1903	买	平	3728.6	1	投	26801
10:10:25	IF1903	卖	开	3735	1	投	25785
10:08:35	IF1903	卖	开	3732.8	1	投	25609
10:07:01	IF1903	卖	开	3727.6	1	投	25437

图 8-75

成交时间	合约	买卖	开平	成交价格	手数	投
10:38:39	IF1903	买	平	3726.267	3	投
10:10:25	IF1903	卖	开	3731.8	3	投

平仓盈亏:　4980.00

图 8-76

2019 年 4 月 24 日，在下降过程中，保持一个极轻的仓位来观察市场，股指期货的排列可以起到很好的提示作用。

中国金融期货交易所日前发布公告称，自 2019 年 4 月 22 日起，将沪深 300、上证 50、中证 500 股指期货各合约的平今仓交易手续费标准由原来的成交金额的万分之四点六调整为成交金额的万分之三点四五。另外，将中证 500 股指期货合约的交易保证金降低了三个点。可见，中国金融期货交易所逐渐对股指期货松绑，放松了对股指期货的限制。因此，日内操作股指期货短线的投资者势必会随之增加，发现空头机会的投资者在下空单时少了对手续费的顾虑，而很多机构也会利用做空股指期货对股票进行套期保值。这样一来，指数就会被压制，虽说他们没有直接做空股票，但对股指的做空仍然会反过头来影响股票的走势，结果受苦的还是散户。因为广大散户只有单边的操作，也就是持有股票，没有另外的股指期货的工具。打个比方，就像从飞机上跳伞，机构投资者有股指期货这把降落伞，而广大散户没有降落伞，甚至连雨伞都没有，只能硬生生往下跳，后果可想而知了。机构投资者可以失之东隅收之桑榆，东方不亮西方亮，但股指期货的高门槛却令大部分投资者望而却步，50 万元资金的开户条件、80 分以上的知识测试、商品期货的交易记录等。再加上股指期货的交易规则不同于证券市场，例如 T+0、多空双向交易以及近 10 倍的杠杆效应，每一项都让习惯股票交易的投资者难以适应。此外，套期保值意味着在证券市场和期货市场两头交易，这对投资者的资金总量无疑提出了更大的要求。

1/7 操作系统结合蛙式交易，没有艰涩高深的理论，最核心的原则和技巧就是高抛低吸，人人都能学得会。在投资市场，凡是用到加减乘除以外的复杂方法，都是错误的，也是多余的，基本上都是画蛇添足，是通向亏损的捷径。

个股有很多变化，大盘也有很大变化，强有强的做法，弱有弱的做法，总之，唯一不变的是 1/7 操作系统结合蛙式交易的利润曲线，大约是 45°的方向，中间或许有些小锯齿，但总体上是蜿蜒向上攀升的。

青蛙吃虫子，一定是在风险清晰可见的地方，隐藏在幽深草丛里的虫子，不论多么肥美，青蛙也不会去吃的，因为它无法确定草丛里有没有蛇。就算没有虫子，起码没有蛇，这是投资的最高前提，也就是蛙式交易所说的风险可控，因为留得青山在，不怕没柴烧。正如蛙式交易一直以来所强调的成功交易的四个标准，即风险可控、收益稳定、过程平和、可以复制，讲的就是这个道理。

如果说一种投资方法，今天可以用，明天就不能用了，或者这个月能用，下个月就不能用了，那么这种方法肯定是靠不住的。我们经常把投资比喻为踢足球，如果前面进一个球，后面丢两个球，结果还是要输的；如果前面没有进球，后面也没有丢球，起码还能打个平手。只有掌握了好的方法，交易过程才能平和，不管风吹浪打，甚是闲庭信步，才能做到不以物喜不以己悲，才能长期在波谲云诡的投资市场笑傲江湖。

扫描二维码免费观看肖兆权老师视频讲解